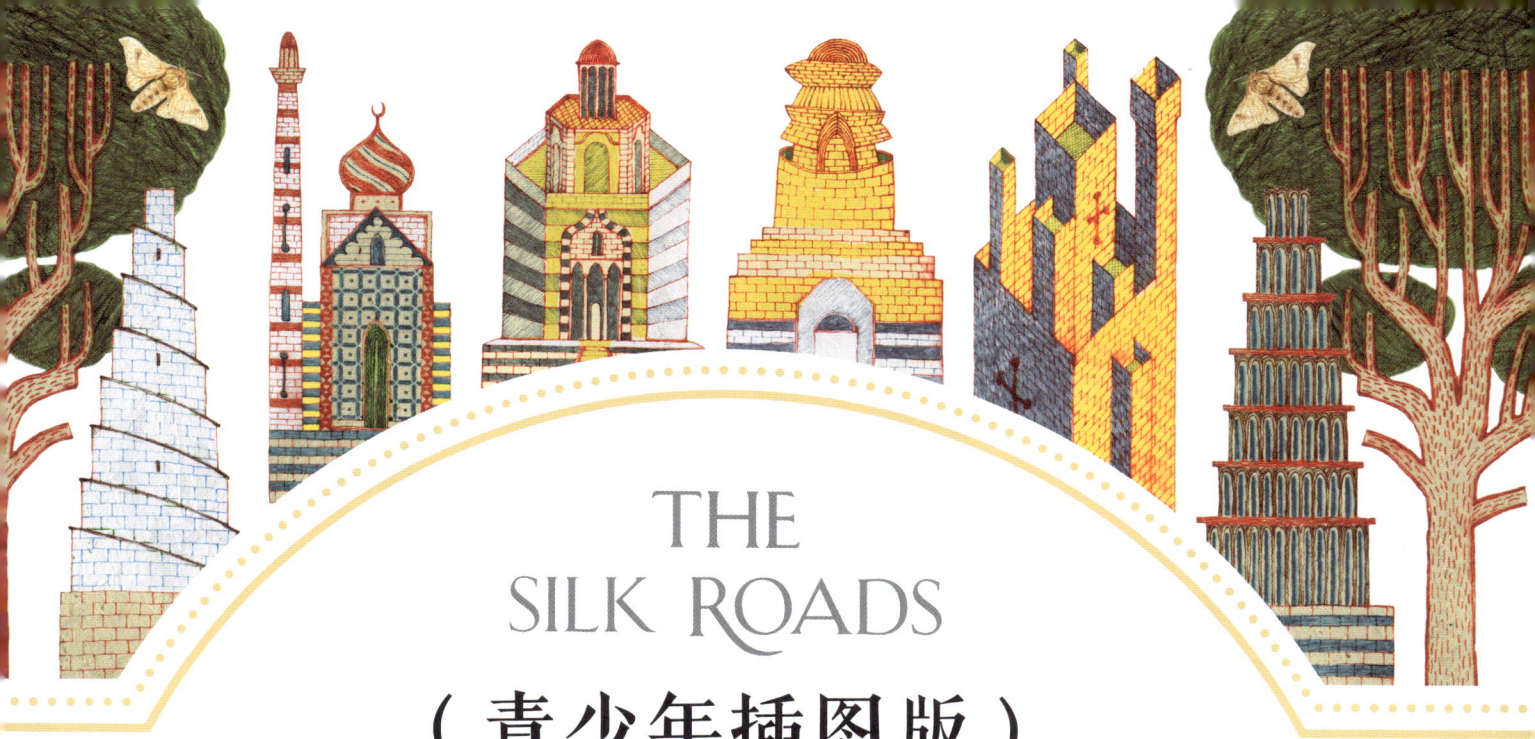

THE
SILK ROADS

（青少年插图版）

丝绸之路

[英] 彼得·弗兰科潘　著

[英] 尼尔·帕克　绘

李剑敏　译

中原出版传媒集团
中原传媒股份公司

大象出版社

·郑州·

小读客童书

图书在版编目（CIP）数据

丝绸之路：青少年插图版 /（英）彼得·弗兰科潘
著；（英）尼尔·帕克绘；李剑敏译. -- 郑州：大象
出版社，2021.9（2022.11 重印）
ISBN 978-7-5711-1065-9

Ⅰ.①丝… Ⅱ.①彼… ②尼… ③李… Ⅲ.①丝绸之
路 – 青少年读物 Ⅳ.① K928.6-49

中国版本图书馆 CIP 数据核字（2021）第 106776 号

丝绸之路：青少年插图版
SICHOUZHILU：QINGSHAONIAN CHATUBAN
[英] 彼得·弗兰科潘 著　　　[英] 尼尔·帕克 绘　　　李剑敏 译

出 版 人	汪林中
策划编辑	吴亚雯　　王智杰
责任编辑	张 琰
责任校对	牛志远
美术编辑	王晶晶
封面设计	向 静
版式设计	徐 瑾

出版发行　大象出版社（郑州市郑东新区祥盛街 27 号　邮政编码 450016）
　　　　　发行科　0371-63863551　总编室　0371-65597936
网　　址　www.daxiang.cn
印　　刷　河北中科印刷科技发展有限公司
经　　销　各地新华书店经销
审 图 号　GS（2021）3031 号
开　　本　889 mm×1194 mm　1/16
印　　张　8.5
字　　数　88 千字
版　　次　2021 年 9 月第 1 版　2022 年 11 月第 5 次印刷
定　　价　118.00 元

献给我挚爱的卡特里娜、弗洛拉、弗兰西斯和卢克。

——彼得·弗兰科潘

献给我的双亲——朱蒂和约翰。

——尼尔·帕克

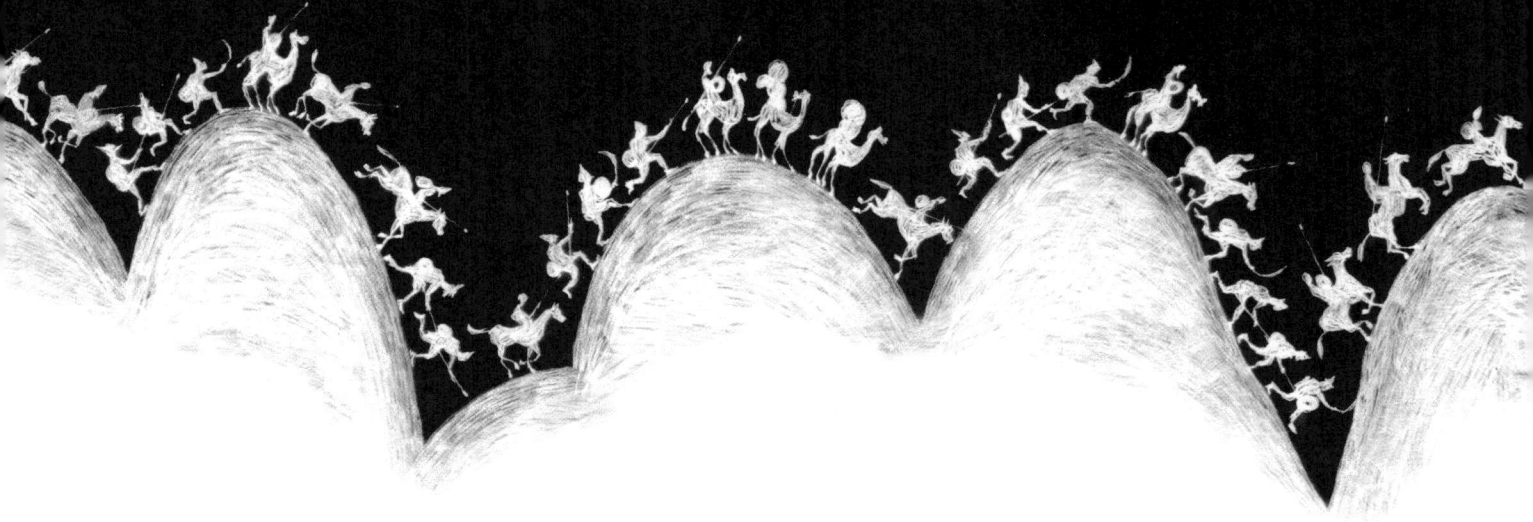

目　录

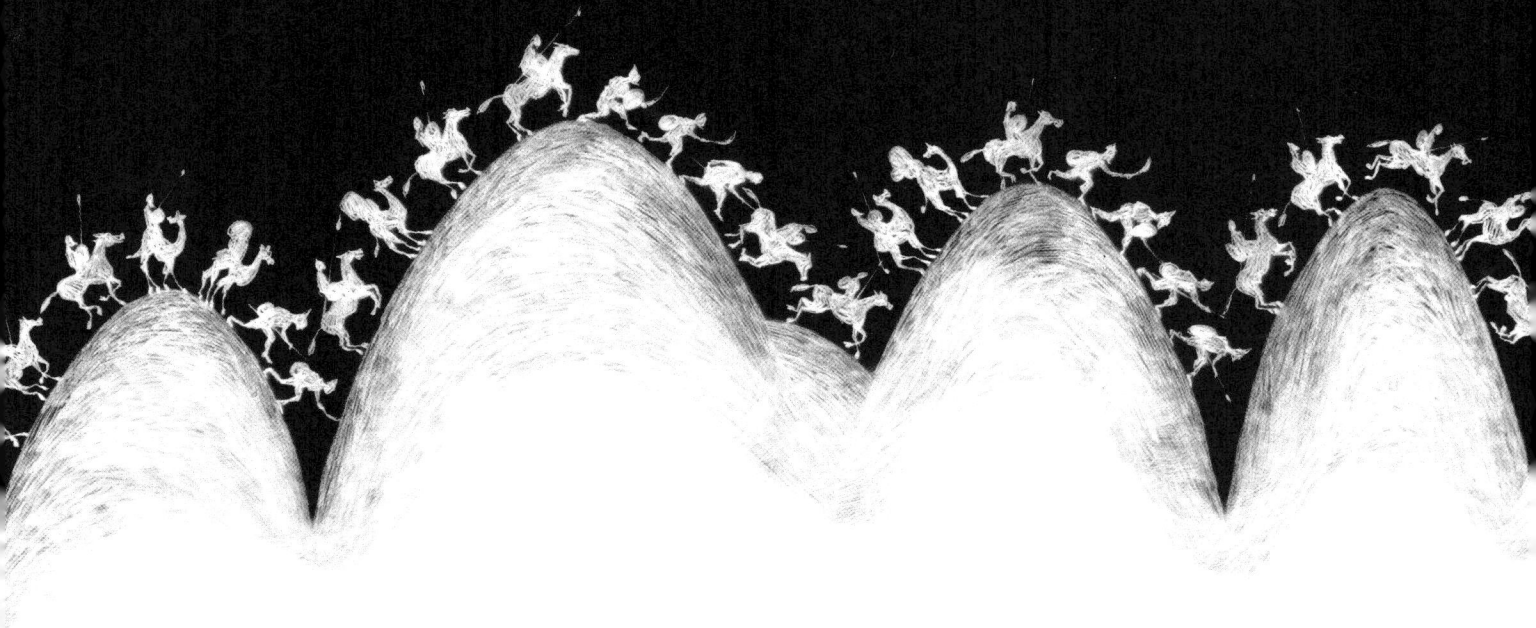

北冰洋

波弗特海

巴芬湾

格陵兰岛

格陵

布鲁克斯山脉

阿拉斯加

大熊湖

福克斯湾

丹麦海峡

白令海峡

南安普顿岛

戴维斯海峡

雷克雅未克

法罗

爱尔

都柏林

的大

布鲁

安克雷奇

大奴湖

阿萨巴斯卡湖

哈得孙湾

费尔韦尔角

阿拉斯加

朱诺

比斯开

马德里

里斯本

白令海

阿拉斯加半岛

阿拉斯加湾

复活节河

北美洲

劳伦高原

纽芬兰

北大西洋

亚速尔群岛

夏洛特皇后群岛

温哥华

卡尔加里

温尼伯湖

圣劳伦斯湾

马德拉群岛

卡萨布兰卡

拉巴特

西雅图

哥伦比亚

苏必利尔湖

五大湖

渥太华

蒙特利尔

加那利群岛

旧金山

丹佛

芝加哥

威特律

印第安纳波利斯

阿巴拉契亚山脉

纽约

华盛顿

西撒哈拉

洛杉矶

圣迭戈

菲尼克斯

弗雷斯诺

达拉斯

奥斯汀

孟菲斯

亚特兰大

百慕大群岛

努瓦克肖特

圣安东尼奥

休斯敦

普拉亚

达喀尔

班珠尔

比绍

圣艾

墨西哥湾

拿骚

科纳克里

巴马科

尼亚美

夏威夷

瓜达拉哈拉

莱昂

墨西哥城

哈瓦那

太子港

辛多明各

蒙罗维亚

阿比让

太平洋

危地马拉

圣萨尔瓦多

贝尔莫潘

特古西加尔巴

金斯敦

波多黎各

加勒比海

瓜德罗普岛

马提尼克

加拉巴哥群岛

马那瓜

圣何塞

巴拿马城

加拉加斯

麦德林

奥里诺科河

乔治敦

帕拉马里博

卡宴

莱恩群岛

基多

波哥大

圭亚那高原

法属玻里尼西亚

玛瑙斯

贝伦

福塔雷萨

土阿莫土群岛

库克群岛

利马

亚马孙河

阿森松岛

圣赫勒拿岛

复活节岛

的的喀喀湖

拉巴斯

马托格罗索高原

累西腓

南美洲

巴西利亚

萨尔瓦多

南大西洋

萨尔多（巴西东部港市）

安

第

斯

山

脉

巴西高原

贝洛哈里桑塔

亚松森

圣保罗

里约热内户

科尔多瓦

圣地亚哥

布宜诺斯艾利斯

蒙得维的亚

特里斯坦
达库尼亚群

福克兰群岛

南乔治亚岛

乌斯怀亚

火地岛

合恩角

今日世界

地图是帮助我们认识世界的绝妙工具。

这是一张21世纪初的世界地图。它"说"不出世界上正在发生的事情和世人的想法，但你仍然可以通过研究它来学习很多东西。比如思考为什么我们对世界上某些地区的了解要远甚于其他地区。

北　冰　洋

拉普捷夫海

东西伯利亚海

楚科奇海

喀拉海

巴伦支海

白令海

鄂霍次克海

上扬斯克山脉

中西伯利亚高原

西西伯利亚平原

库页岛

千岛群岛

亚　洲

戈壁沙漠

内蒙古

乌兰巴托

北京

天津

沈阳

哈尔滨

朝鲜

首尔

东京

本州

黄海

太　平　洋

青藏高原

昆仑山脉

西安

武汉

上海

长江

东海

琉球群岛

菲律宾海

南海

孟加拉湾

阿拉伯海

非　洲

阿拉伯海

利比亚沙漠

撒哈拉沙漠

红海

亚丁湾

印　度　洋

西北角

大沙沙漠

吉布森沙漠

澳大利亚

维多利亚大沙漠

大分水岭

艾瑞尔湖流域

珊瑚海

大堡礁

塔斯曼海

北岛

南岛

凯尔盖朗群岛

南　极　洲

前言

在我童年时，卧室墙上挂着一幅世界地图。不论早上醒来后还是晚上入睡前，我都盯着地图看，感慨大陆和海洋的广大，端详山脉、沙漠、河流的方位，恨不得把所有国家和首都的名字烂熟于心。

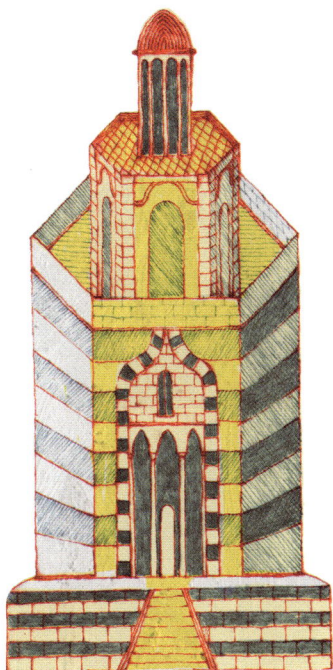

上学后，我学到了很多我所生活的国家和陆地——英国以及欧洲的历史与地理知识，并且乐此不疲。可是与父母亲的日常交流，却时常让我觉得，他乡的知识才是我最该知道的。全球硝烟四起，人类互相征伐——而我不知道为什么。世界总在变化，转变是好是坏却很难分辨。当我看到新闻，我才意识到数百数千万人的生活受到了何种波及。

我们研究历史以知晓过去，也试图解释现在。学习历史就像回溯自己的足迹——试图弄清楚自己是为什么以及如何一步一步走到了今天。审视每次转向或每个脚步，固然令人激动着迷，而自整段旅程的视角观之，同样发人深思。

一切从墙上的地图开始。我想了解俄罗斯，那时候他们制造出的核武器直接对准了离我的学校不远的地方；我想知道中东，那里似乎每天都有恐怖主义的恶行在上演，但我也明白那里是许多宗教的发祥地；我想探索包括中国、伊朗、印度、巴基斯坦和南亚的其他国家在内的疆域，在这幅员辽阔的土地上诞生的帝国不仅主导了过去，在现代世界也举足轻重；我渴望了解非洲的民族、历史、地理和文化，了解非洲大陆不同区域的异同。

但是，我在学校里从未得到这样的机会，反而被灌输了一大堆亨利八世[1]和他六个妻子的故事（她们的结局按时序依次是离婚、斩首、病逝、离婚、斩首、善终）。我希望有一本书，可以告诉我他乡的知识。我想了解世间万物是如何相互作用的。举个例子，难道真的像学校教的那样，从罗马人入侵不列颠到黑斯廷斯战役之间这段一千多年的历史，没有任何可圈可点之处？

所以我决定穷一生之力阅读和写作历史，厘清关联，以更好地解释过往，至少比我孩童时受教得更好。许多学者和作家使我受益匪浅，他们当中很多人甚至是数百数千年前的古人。其中很重要的一位是德国地质学家、地理学家费迪南·冯·李希霍芬（其侄子后来成为一战中著名的战斗机飞行员，人称"红色男爵"）。他苦思冥想良久，寻找一个合适的词语描述亚洲、欧洲和非洲的联结。他大可选择任何一种转运数千千米的货物或商品的名字（比如香料或

---

1 英国国王，企图利用宗教改革打击教皇，加强英国王权。民间流传他为了休妻另娶而推行宗教改革。——编者注（本书注释如无特殊说明，均为编者注）

瓷器），甚至某种语言、旅程或生物的名字。最终他决定选用一个引人遐想的名字——丝绸之路，而它一直沿用至今。

丝绸之路没有严格意义上的起点和终点，因为它不是字面意义上的道路交通，而是使货物、人员、思想，乃至疾病、暴力等自由流通的网络。它的范围东至中国和俄罗斯的太平洋海岸，西抵欧洲和非洲的大西洋海岸；北起斯堪的纳维亚半岛，南到印度洋。你尽可以把丝绸之路想作世界这个"身体"的中枢神经系统，联结所有器官，或者是运送氧气和二氧化碳的动脉和静脉。为了了解这个"身体"，除了看破"皮肤"表层，你还需要以全局视角来观察其运作情况，而不是只看到某个"器官"。

在这本书里，我们即将拜访的地方你可能闻所未闻。有的已经消逝，一去不复返。例如位于今天土库曼斯坦境内的梅尔夫，一度恢宏壮丽，是世界上最大的城市之一。但它已被八百年前的战乱摧毁，从此一蹶不振。

有的地方则发生了巨变。阿富汗首都喀布尔如今战火肆虐，在五百年前，却是一座以园林美景名闻千里的城市。伊拉克城市摩苏尔，于2014年惨遭极端组织"伊斯兰国"（ISIS）蹂躏，成为肉盾的居民痛不欲生。然而大约一千年前，摩苏尔最出名的却是宏伟的公共建筑、澡堂，以及可以打造全世界最精良的弓箭、鞍鞯和马镫的工匠。

阿富汗首都喀布尔如今战火肆虐，在五百年前，却是一座以园林美景名闻千里的城市。

或许，总有人向你抱怨如今日子难过。但实际上，现在是有史以来最好的时代。旅行前所未有地便捷，你

从世界这一头到另一头的时间，比任何先人都快。卫生保健的改善更是惊人，譬如最近几十年产妇和新生婴儿的存活率得到显著提升，拥有洁净水源的人口数也是如此。这些进步意味着全世界的孩子与他们的父母、祖父母或任何祖先相比，更有机会享受童年，健康长大。儿童受教育的机会也比以往任何时期都多。

在新事物的发明探索方面，我们的效率和效益也超过人类历史以往的所有时代。在迁徙、学习和生活方面，我们也拥有前所未有的自由。可能你并不觉得自己是超人，但你真的拥有"超能力"。

多年前卧室里的那幅地图，开启了我这段漫长的旅程。现在，我依然喜欢端详地图，凝视我知之不多的那些地方，尽可能深入地认识它们。但愿你们也能如此。

唯有了解昨日的世界，方知今日和明日的世界。为此，我们最好从源头出发。何其幸运，这个源头便是丝绸之路。

在迁徙、学习和生活方面，我们也拥有前所未有的自由。

——彼得·弗兰科潘

巴伦支海

北海
艾伯拉肯

波罗的海

欧洲

朗蒂尼亚姆

大西洋

喀尔巴阡山脉

黑海

里海

卢泰西亚

阿尔卑斯山脉

梅迪奥兰

阿奎莱亚

萨罗纳

君士坦丁堡

高加米拉
埃尔比勒
基尔库克

咸

尼萨

塔拉科

罗马

温泉关

以弗所

安条克

尼尼微
巴格达

波斯

马拉松

雅典

泰西封
底格里斯河

伊朗高原
伊斯法罕

加的斯

迦太基

希拉库萨

希腊

地中海

萨拉米斯

大马士革

帕尔米拉

幼发拉底河

美索不达米亚
苏萨

帕萨加第
波斯波利斯

的黎波里

阿特拉斯山脉

亚历山大港

耶路撒冷

巴比伦
乌鲁克

波斯湾

阿曼

孟菲斯
开罗

埃及

尼罗河

底比斯
卢克索

麦地那

麦加

阿拉

红海

阿克苏姆

杰内-杰诺

东非大裂谷

非洲

摩加迪沙

古代世界

　　历史上第一批著名城镇几乎都是在丝绸之路上成长起来的。那些至今仍闻名遐迩的古老地名，在现代人心中日益神秘。

　　它们构成了一个辉煌灿烂的古代世界——人们可以跨越数千千米交换商品、思想、语言和信仰的世界。我们的故事就从这里开始。

亚洲

阿尔泰山脉

喀什

敦煌

蓟

柘折

撒马尔罕

汉城

克特里亚

中国

安阳

喜马拉雅山脉

开封

布尔

白沙瓦

郑州

京都

哈

长安

洛阳

大阪

哈拉帕

印度河谷

木尔坦

成都

建康

摩亨佐·达罗

巴特那

拉萨

合肥

苏州

杭州

乌贾因

瓦拉纳西

东海

印度

广州

南海

太平洋

琅勃拉邦

河内

孟加拉湾

蒲甘

亨皮

暹粒

坦贾武尔

马杜赖

阿努拉达普拉

印度洋

巴邻旁

雅加达

第一章

古代世界的道路

✳

文明起源于亚洲的中心。在底格里斯河和幼发拉底河沿岸的美索不达米亚，以及印度河流域的深处，孕育了人类已知的最早一批城镇。河流提供的充沛淡水，对筑城于此的居民至关重要——美索不达米亚的巴比伦、尼尼微和乌鲁克，以及印度河流域的哈拉帕、摩亨佐·达罗、朵拉维那等地的居民得以神清气爽、干净健康地忙于生计；河岸两边的良田沃野也得以生长庄稼。水的重要性由此可见一斑。难怪很多人相信，人类就是在美索不达米亚（字面意思就是"河间地"）的沃土中被创造出来的。

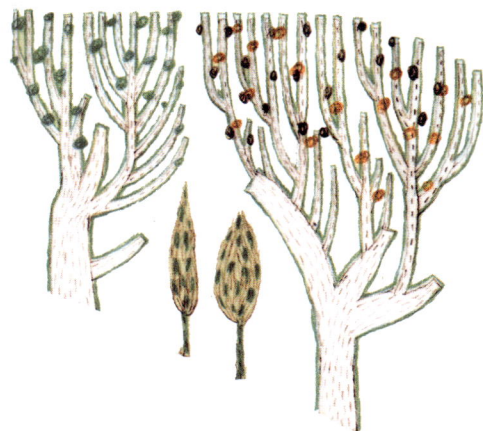

很多人相信，伊甸园就位于这里，"耶和华神使各样的树从地里长出来，可以悦人的眼目，其上的果子好作食物"。控制

了沃野和城市，君王的统治和帝国的创建才有了可能。

然而，统治者也明白，若想千秋万代，良好的秩序和良好的组织均不可或缺。因此，法律和秩序非常重要，无怪人类历史上最早的一批法律便出现在亚洲中心，比如巴比伦国王汉谟拉比于大约四千年前制定的法典。古人很聪明：他们开辟道路系统，使数百千米距离内的邮递成为可能；当局还确保客户不会被商人欺诈，能如数收到他们已支付货款的货物。在这片亚洲中心地带，合理的关税管理和征收被顺畅而且（通常）公平地执行。

在所有崛起于此的王国和帝国当中，最伟大的莫过于波斯帝国。它位于亚洲中部，疆域西起地中海，东至喜马拉雅山脚。波斯古城波斯波利斯、帕萨加第和苏萨聚集了宏伟的建筑，向世人昭示市民的财富和国王的权力。波斯人以乐意尝新著称，善于接纳他们所征服的民族的习惯、时尚和饮食。他们对奢侈的迷恋也是世人皆知。热衷于学习新事物，同时尽可能改良旧事物，这就是波斯人。

在所有崛起于此的王国和帝国当中，最伟大的莫过于波斯帝国。

没有人比希腊人更清楚，波斯人是多么可怕的敌人。波斯人持续扩张帝国版图的努力，导致双方在马拉松、温泉关和萨拉米斯爆发了史诗般的战役，致使希腊和爱琴海周边的城市命悬一线。

局势直到亚历山大大帝时期才得以扭转。这位被誉为有史以来最伟大的将领的帝王，先是铲平了埃及的波斯势力，然后在如今伊拉克境内的高加米拉击溃了前来阻止他的强军。获胜后，他大举向亚洲的中心进军，征服一个又一个城市，也兴建城镇、道路和要塞，以保护战果。亚历山大大帝明白善待当地人很重要。"只有他们的忠诚，"他告诉手下，"才能确保我们帝国的持久和稳定。"于

是，他成为世界中心的主人，操控帝国四处扩张。直到公元前323年英年早逝，年仅33岁。

亚历山大的远征加深了东西方的联结。早就双向流动的货物、人员和思想——诸如宗教、文学和教育，此时往来更加频繁。印度统治者甚至开始以多种语言发布命令，包括希腊语和阿拉米语，以便不同文化背景的子民理解。很快，丝绸之路涌入了商人、旅行家、神职人员和教师。

其他国家也在开疆辟土。在中国，刘邦于公元前202年创立汉朝，此后，汉朝版图一路向西扩张。很快，中国历史上颇富传奇色彩的历史学家司马迁，开始收集被荒漠和险峰阻隔的西域信息。位于黑海和太平洋海岸之间的广袤草原地带，也在他的关注之下。司马迁记载了张骞于公元前2世纪给朝廷的报告，惊叹中亚各地集镇"有市贩贾诸物"[1]，一派繁荣景象。

多数贸易发生在市镇与市镇、村落与村落之间。只有价格昂贵、利润丰厚的稀有或

---

1 出自司马迁《史记·大宛列传》。

人们一致认为亚历山大大帝是有史以来最伟大的将领，世界中心的主人

异国商品，比如宝石和珍珠、香料和食物（黄瓜、开心果和桃子之类），才会踏上困难重重的长途运输之旅。货物一般由吃苦耐劳的骆驼商队运输。中国西部荒漠沿路的累累白骨昭示着炎热、缺水以及周期性沙尘暴的致命性。

丝绸是最重要的商品之一。这种精美但难以量产的纺织品，由食用桑叶的蚕的茧子制成。丝绸不仅可以展示穿着者的财富和地位，有时候还可以代替货币。

游牧民族尤其喜欢丝绸。他们通常辗转于冬夏的草原牧场上，放牧马羊等牲畜。中亚的马因体力充沛，速度奇快一向广受珍视，甚至在中国还被誉为龙的后裔。中亚马也正因为名满天下，成为了诗歌、雕塑和绘画的主题。有的统治者甚至让自己的 80 匹爱马陪葬。

不过，游牧民族的名声有些不太好。其中一个叫匈奴的民族，据说他们喜欢茹毛饮血的生活。有文人称其为被上天抛弃的人。他们之所以令人生畏，部分由于他们的生活方式与居住在城镇的市民或以耕地为生的农民不同，部分由于他们会威胁这些市民和农民，甚至对他们进行大举进攻。中原统治者通常会用一大笔钱——有时候以大量的丝绸——收买他们，使其退兵。

随着丝绸之路的繁荣，人员的接触更加频繁，管控制度应运而生，类似我们今天的护照制度。早在两千年前，中国就为来自域外的客商制定了一套正规的管理规则。规则包括必须登记访客从哪里来、随身携带了什么货物、何时入境出境等信息。这有助于政府准确计算该向入境者征收多少关税——防止官员盘剥商人牟利，以及收集各地商品、贸易双方、贸易发生的时间和地点等信息。中国政府收集的信息既深且广，远至地中海和罗马帝国的信息都有报告，据说那里的居民高大、帅气、富有。

同时，罗马人也在努力搜寻通商路线、城镇和亚洲居民的信息，据说他们派出的使者最远到过中国。在罗马帝国，丝绸成为财富的象征——即便有人抱怨丝绸过于昂贵，而且来自外邦（这意味着罗马的金钱流入了外国人手里）。也有人认为丝绸过于贴体修身，罗马妇女不应该花那么多时间考虑和关心她们的形象。

洲际贸易的规模日益庞大，往来商品不仅有丝绸，还有铜、黄金、乳香和某种来自中亚矿脉的宝石——青金石。亚洲中心依山而建的城市盛极一时，如长安、巴克特里亚、尼萨和帕尔米拉，还有数不清的新城镇在美索不达米亚、伊朗高原破土动工。国王和君主的权力随着财富的累积与日俱增，这让他们有能力兴建美轮美奂的宫殿，同时确保领地治理得当：稳定和成功的关键在于统治者的公正和仁政，这是人们数千年来信奉的理念，无一例外。

虽然两千年前的世界并非总是太平无事，丝绸之路沿线的国家之间或内部也时有纷争，但亚洲、欧洲和北非之间的联结日益紧密。硬币和商品（比如装饰性的银碗）从罗马流通到了远东，而来自遥远的亚洲地区的商品也流通到了地中海。

印度作家如此描绘"漂亮的大商船"的抵达：它们漂洋过海，"白沫飞溅"，带来远自罗马的商人，他们大肆采购胡椒，满载而归。比如现在的苏格

兰，当时就已使用北非出产的锅具来烹饪和贮藏。波斯釉面瓷器的贸易也很繁荣，由商船运往今斯里兰卡、东南亚和中国。

因此，古代世界比我们现代人所想象的更加复杂。丝绸之路如此，其他文明也是，比如中美洲的奥尔梅克文明和玛雅文明，或者撒哈拉以南非洲的萨奥文明和班图文明，许多世纪以前他们都盛极一时。论及对外来客、异乡和罕见之物的好奇心程度，我们几个世纪前的祖先也并不比我们现代人小。科学技术的进步改变了现代世界的商旅速度，让我们以前无古人的高效了解其他大陆。你经常会听到有人谈及全球化，仿佛它是一个新生事物，但实际并非如此。

印度作家如此描述："漂亮的大商船"带着罗马的商人，"白沫飞溅"，漂洋过海而来

第二章

信仰之路

✳

思想也如同货物一样，沿着连接太平洋和地中海，穿过中亚、印度和波斯湾的丝绸之路流通。迄今存世的思想中，影响力大的大部分与"神"相关：它们试图解释神的作用、人生的起源和意义，以及人类与自然、人类与人类之间的关系。这些都是非常重大的命题。

信仰与教义、主神与异端、教士与地方统治者纠缠不清。在古代世界，人渴望对日常事件和超自然现象作出解释，信仰则解决了其中很多问题。为什么大旱？为什么亲人会死？为什么要善待邻居？

备选信仰有很多。起源于古印度的宗教，比如印度教、耆那教和佛教，沿丝绸之路传播，与扎根于波斯的宗教比如琐罗亚斯德教和摩尼教同台竞争。再往西还有犹太教和基督教。再后来还有伊斯兰教。

确立信仰是一场豪赌。因为战场上的胜利往往被视为受神庇佑的证据。这是一个既简单又有力的等式：选对了某一神或诸神的社会必胜；反之，则他们崇拜的是虚幻的偶像，注定自食其果。

信仰之间不仅互相竞争，而且互相偷师和借鉴。比如，亚历山大大帝和他的军队带着希腊宗教而来，在其统治亚洲中心期间大兴庙宇。这给佛教徒带来了挑战，此前他们在印度北部开展的传教活动十分成功。突然之间，他们发现佛教受到新的宗教习俗以及日益流行的希腊诸神画像和雕塑的威胁。

佛教徒不得不调整适应。以前，佛教的传教采取了最基本和传统的形式，佛教教义也直截了当，即专注于通过个人的修行走上平静之路（涅槃）。面对来势汹汹的希腊信仰的威胁，佛教徒也开始兴建自己的神殿和庙宇。他们树立佛陀的塑像，鼓励信徒不要独自修行，而是要在适当的时候伴以音乐，集体修行。竞争迫使宗教应对、调整和创新。

以前，佛教的传教采取了最基本和传统的形式，佛教教义也直截了当，即专注于通过个人的修行走上平静之路（涅槃）。

佛教传播因此大获成功。公元 1 世纪前后，得益于僧侣、旅行者尤其是粟特商人，佛教沿丝绸之路迅速传播开来。商人们长途跋涉，深入亚洲和中国的腹地，贩卖高价货物。有的甚至把名字刻在石头佛像的侧面，希求平安和厚利。

佛教的传播使得庙宇兴盛，比如环绕喀布尔矗立着 40 多座寺庙，其中一座还有大理石砌的墙、黄金做的寺门、白银铺的地板。中国西部的敦煌和克孜勒兴建了宏伟的石窟寺庙群，礼拜的庙堂、禅修的空间和宽敞的生活区一应俱全。条件成熟时，还在悬崖峭壁上雕出了巨大的佛像。阿富汗境内的巴米扬大佛，傍山而凿，曾让所有路人过目难忘。中国东晋的名僧法显从长安出发，经过中亚，抵

佛教的传播使得庙宇兴盛，比如环绕喀布尔矗立着40多座寺庙

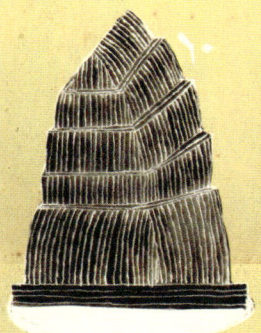

达位于尼泊尔的佛诞地；接着他行到印度，对印度教的繁荣和印度教教徒的修行赞不绝口；然后渡过孟加拉湾抵达斯里兰卡，历经十三年后返乡。

沿丝绸之路传播和变化的宗教并非只有佛教。基督教也大获成功，追随耶稣基督及其教导的人从巴勒斯坦扩展到整个亚洲。很快，东方世界（如伊拉克的摩苏尔和巴士拉，以及稍晚的斯里兰卡和中国）的基督教社区规模越来越大，需要主教来管理那些服务教众的牧师。我们一般认为基督教与欧洲的联系最密切，但它在亚洲和北非也聚拢了大批追随者，像埃及至今仍有大量基督徒。

并非所有人都欢迎宗教的传播，因为有赢家必然有输家。有些拉比不喜欢改信犹太教的外族人，把他们比作恼人的痒疥癣。不过，这种态度未能阻止犹太教在南阿拉伯半岛的传播，其中有个地区的所有人，包括统治的王室，都皈依了犹太教。

并非所有人都欢迎宗教的传播……

宗教竞争在强大的萨珊王朝[1]的反响最为明显，这个强大王朝控制了之前属于古波斯的大部分领土（当然不止）。萨珊王朝主要信奉琐罗亚斯德教，这是以一位生活在公元前 6 世纪左右的伟大先知的教义为基础的宗教，它认为世界可以截然分成善与恶、光明与黑暗、秩序与混乱。其他信仰的推进让琐罗亚斯德教教主科德十分不安，在他的带领下，琐罗亚斯德教对基督徒、佛教徒以及印度教徒、犹太教徒进行了残酷迫害。他对此洋洋自得，还把他的暴行刻成胜利的铭文以作纪念，至今尚存。

基督教在邻国站稳脚跟，让萨珊王朝统治者感受到威胁，担心接下来就轮到

1　又叫波斯第二王朝，是最后一个前伊斯兰时期的波斯帝国。

君士坦丁一世在一次战役前仰望太阳，看到天上有一个十字架，后面还有一行字说，如果他皈依基督教，必将战无不胜

本国。亚美尼亚是他们最担心的一个地方，尤其是听闻了国王梯里达特三世的遭遇。据说他变成了没有鼻子和獠牙的猪，赤身裸体在野外游荡。但是他奇迹般地被圣格里高里治愈，从此皈依基督教。此事过后不久，罗马帝国皇帝君士坦丁一世在一次战役前仰望太阳，看到天上有一个十字架，后面还有一行字说，如果他皈依基督教，必将战无不胜。君士坦丁一世立刻这么做了，而且拿下了那场战役（运气实在好）。他从此成为新宗教的狂热推动者，主持了《尼西亚信经》（基督教最古老的祷告之一，时至今日仍在使用）的编订。在统治临近尾声之际，君士坦丁一世开始思考如何让基督教扩散至罗马帝国之外。他甚至致信萨珊国王，命其保护萨珊王朝——"我最好的省份"——的基督徒，否则后果自负。这封语气强硬的信函，酿成了严重的后果。

长期以来，罗马帝国一直与东边的萨珊王朝势同水火，动不动就兵戈相向。数十年前，罗马帝国的东征出现致命失误，导致在君士坦丁一世之前的罗马皇帝瓦莱里安被俘。瓦莱里安受到的惩罚就是余生充当萨珊王朝国王上马的人肉脚凳，死后尸首还被塞满稻草，在萨珊王朝内游行示众。

君士坦丁一世给萨珊国王的这封信无异于赤裸裸的威胁。在萨珊国王看来，罗马皇帝为了扩张基督教，不惜动用武力。因此，信的效果与君士坦丁一世的愿望恰恰相反：在琐罗亚斯德教捍卫者的煽动下，萨珊国王"对圣人的鲜血饥渴不已"，下令杀害了数十位基督教主教和牧师。

宗教不只是信仰，还关乎政治和成就。日子好过的时候，人们对那些拥有不同思想观念、风俗习惯和生活方式的少数"他者"容忍度还算高；一旦好光景不再——可能是因为气候变化、经济动荡或军事威胁——最先受难的总是这些少数群体。人类社会如何达成精诚合作、和谐相处，仍然无解。

❈　❈　❈

第三章

混乱之路

❋

君士坦丁大帝（君士坦丁一世）还有别的事情操心。罗马人创建的强大帝国，囊括了北非和埃及的富庶省份，以及欧洲大部。以前的罗马统治者早就意识到，密切关注东方事态至关重要。那里既有威胁和挑战，也充满了机遇，像是贸易、合作以及思想的交流。君士坦丁一世希望尽快在东方部署行动。公元 324 年，在亚洲和欧洲交会的博斯普鲁斯海峡沿岸，他启动了一个新城市的建设。

新城名为新罗马。其设计旨在与帝都罗马的宏伟相呼应，庞大的宫殿自然少不了，更有为市民供水的引水渠。新城修筑了一个壮观的竞技场，以进行战车比赛。相比更加传统的罗马国技——角斗士互搏，战车比赛在受欢迎度上稍逊一筹。还有人看不起新罗马的元老院成员，嘲笑他们出身低微，乃是铜匠、澡堂服务员、香肠制造商的儿子。但是，人们很快就发现，新罗马与老罗马一样重要。没过多久，人们就以城市创建者的名字将新罗马更名为君士坦丁堡，即现在的伊斯坦布尔。

意外的是，这座城市建成之后遇到的第一个真正的挑战并非来自萨珊王朝。

公元 4 世纪中期，持续的气候变化导致海平面升高，引发疾病的传播以及草原地带（从黑海北边直到中国太平洋沿岸）植被的变化。新环境让散落各处的游牧部落聚合起来。其中一个部落击败了所有对手，确立了自己草原之主的地位，它就是匈奴。

在西方被称作"匈人"（Huns）的匈奴人[1]，早已吓坏了中国人。接着，匈奴人开始恐吓其他人。不说别的，他们本身就很吓人：穿的是缝在一起的田鼠皮，吃的是草根和生肉，吃之前最多就是放在大腿间暖一下。据说他们会在刚出生的婴儿脸上留下疤痕，为了避免脸颊长出毛发。还有人说他们在马背上待的时间太久，人都变形了，看起来就像后腿直立的动物。有个作家写道，"他们就像是一群狼"，精于抢劫和杀戮。

匈奴人所到之处，一片焦土。一座座中国城市被毁，市民的生命岌岌可危。

1　匈人与匈奴是否为同一民族，或有血缘关系，学界尚无定论。

匈奴人穿的是缝在一起的田鼠皮，吃的是草根和生肉，吃之前最多就是放在大腿间暖一下

一个粟特商人在家信里写道："生意压根儿挣不到钱，能活着就是奇迹了。"随着匈奴人一路向西进击，波斯城镇接二连三沦陷，居民闻风而逃。有的甚至穿过多瑙河，跑到罗马帝国境内避难。生死存亡之秋，罗马皇帝和波斯国王把宿怨抛到一边，同意携手对抗匈奴，以免国破家亡。两国统治者共同出资，在里海附近修筑了巨大的新城墙，由两国士兵一起守卫。两大帝国的关系一时无比亲密，罗马皇帝甚至指定波斯国王为自己的儿子，即罗马皇位继承人的监护人。

新城墙固然坚固，无奈乱局不靖。越来越多的部落涌入西欧，向罗马进军。公元 410 年，一个部落首领攻入罗马。伟大的基督教学者圣杰罗姆听到消息后写道："怎么可能？征服了整个世界的罗马，现在被人征服了……谁能相信？"罗马帝国西部的省份也被哥特人和汪达尔人等部落轮流洗劫，岌岌可危。这还不够，匈奴人在野蛮首领阿提拉的率领下，来到了欧洲。此后的十五年间，阿提拉统治了欧洲，从新城墙固若金汤的君士坦丁堡勒索了海量赎金和贿金，直到他因为不知节制、花天酒地的生活方式油尽灯枯为止。"这么死了真是耻辱。"当时的一个历史学家写道。但他显然忘了说，阿提拉一死，残存的罗马帝国才有喘息之机。

西罗马帝国的混乱局面，过了好几个世纪才得以缓和。长途贸易和旅行全部中断，人们不再用石头盖房子，甚至丧失了读写的能力。对此，有人哀号："为什么仁慈的上帝允许这一切发生？"答案显而易见，人类的堕落招致上帝的惩罚。

东罗马帝国则很不一样，在短暂的恢复期后，它开始繁荣发展。与欧洲、北非和亚洲之间的贸易蒸蒸日上，宏伟的建筑项目纷纷动工，比如君士坦丁堡的圣索非亚大教堂。当局别出心裁地实施新政，例如在波斯大规模发展农业。令人叹为观止的宫殿建筑群在亚洲的中心拔地而起。

东方的贸易大半被粟特人控制，这些中间商驾着骆驼大篷车，运输着香料、贵金属和织物（包括丝绸）等奢侈品，从一个市场奔赴另一个市场。这类商品交易也带来了时尚、美食、文化和信仰等事物的传播。

贸易繁荣的重要前提是，来来往往的商人确信旅途中的自身安全能够有所保障。中国朝廷观察到遥远的叙利亚人生活在幸福和平之中，国家以道路交通非常安全而著称——因为亚洲各国政府践行法律，维护秩序。

罗马城市接二连三陷落······

可是和平并不持久。公元 590 年前后，一切又重归混乱，波斯内部的权力斗争引发连锁反应，导致了与君士坦丁堡的全面战争。起初，命

在阿提拉的率领下，匈奴人战无不胜

运女神似乎眷顾波斯人——安条克、耶路撒冷和亚历山大港等罗马城市接二连三陷落。直到公元 626 年，君士坦丁堡四面楚歌，眼看就要沦陷。就在这时，发生了堪称历史上最伟大的反败为胜之战。君士坦丁堡的军队在东罗马帝国皇帝赫拉克利乌斯的率领下重整旗鼓，以一系列令人瞠目结舌的胜仗击退了波斯人。罗马人很快便全面收复失地，眼看就要一劳永逸地消灭老对手。短短几个月，罗马人从绝望转为狂喜。

三十年几乎无休止的冲突总要付出代价。战争耗资巨大，并扰乱了正常的农业、贸易和日常生活。人民饱受丧亲离乱之苦，民生凋敝。不过，是时候迎来新的局面了。隆隆新声从南方阿拉伯半岛腹地传来。一种新信仰正在破茧而出。

近年来考古学家发掘出的文物证明，草原上贵族妇女的衣着华贵耀眼

第四章

伊斯兰教之路

※

论及宗教和信仰，阿拉伯半岛和亚洲大多数地方一样"众声喧哗"。与神有关的思想百花齐放，从多神教到一神教不一而足，尤其是一神教代表犹太教和基督教，截至公元 600 年，已在阿拉伯半岛收获大量支持者。也就是在这里，在北方战火肆虐的时候，一个名叫穆罕默德的商人隐退到离麦加不远的山洞里思考人生。

据记载，公元 610 年，穆罕默德接收到一系列来自真主的启示。他听到声音命令他背诵这些启示，"以你主的名义！"此后几年，他陆续收到更多启示，它们在数十年后才第一次以书面形式问世，即《古兰经》。

那个声音反复告诉穆罕默德，真主仁慈宽容，但惩罚起那些不听命于他的人时则毫不留情。这时，阿拉伯半岛和红海的贸易受阻于几乎不曾间断的战争，穆罕默德接收到的这些启示犹如天降甘霖。一方面，人们实在难以抗拒良田沃野硕果累累的允诺，以及关于天堂的动人描述：花园由鲜活纯净的水浇灌，"河中流淌美酒，喝过的无不赞不绝口"。另一方面，排斥神圣教义的人要面对厄运、灾祸还有诅咒。任何胆敢对穆罕默德的追随者宣战的人，一概视作攻击真主，理当被钉死在十字架上，或是砍断手足，流放荒野，直至坠入地狱，遭受无穷无尽的折磨。

这些教诲在麦加引起强烈反弹，公元 622 年，穆罕默德不得不逃到耶斯里卜（也就是后来的麦地那），史称希吉拉（旧译"徙志"）。尽管如此，信徒们在救赎的精神回报和团结呼声的感召下，仍对他不离不弃。大多数宗教都有一个共通的现象，即主流学者之间对教义各执一词，争论不休。但伊斯兰教却是个例外，它拒斥任何分歧。《古兰经》明文警告，穆斯林建立起的宗教公社"乌玛"必须保持团结一致，任何分歧都是撒旦在作祟。穆罕默德的启示以当地语言宣扬，这一点也很重要。

一节《古兰经》用阿拉伯语说道："看，这些是来自真主的话语。"穆罕默德给阿拉伯人带来了属于自己的宗教，使其产生了新的身份认同。这是为当地人量身打造的信仰，不论他们是部落成员还是市民，不论他们的种族或语言背景有何差异。在伊斯兰教成功传播的原因中，团结一致至关重要。

穆罕默德给阿拉伯人带来了属于自己的宗教，使其产生了新的身份认同。

伊斯兰教的传播不仅带来了军事的胜利，还伴随着巨大的经济收益，吸引了越来越多的人。穆罕默德说，从非穆斯林手中攫取的财货将由穆斯林保管，而那些最快皈依伊斯兰教的人将分到丰厚的奖赏。小规模的洗劫很快变成了对城镇的攻击，没过多久，四处出击的阿拉伯军队就控制了众多城市和区域。穆斯林祷告时必须面朝克尔白（中国穆斯林称为"天房"）的方向，那是由先知亚伯拉罕及其儿子以实玛利设在麦加的神圣黑石的所在地。这一要求奠定了阿拉伯半岛举足

麦加是穆罕默德的故乡，伊斯兰教的头号圣地。穆斯林祷
告时必须面向麦加，并且希望一生至少要到那里朝圣一次

欧洲

威尼斯
克罗地亚
比萨
扎达尔
萨罗纳
罗马
黑海
伏尔加河

君士坦丁堡
高加索山脉
杰尔宾特
亚美尼亚
卡尔西顿
尼西亚
埃德萨
达拉
尼尼微
雅典
萨迪斯
哈里斯河
巴特内
伊苏斯
尼西比斯
高加米拉
希腊
托罗斯山脉
安条克
摩苏尔
贝希斯敦
迦太基
希拉库萨
美索不达米亚
库姆
奥伦特斯河
大马士革
巴格达
泰西封
贡德沙普
波斯
地 中 海
哈丁之角
巴比伦
苏萨
耶路撒冷
乌鲁克
巴士拉
胡齐斯
大莱普提斯
昔兰尼
亚历山大港
波斯洲
奎
中东

开罗
孟菲斯
米奥斯贺而莫斯
埃及
底比斯
耶斯里卜
（麦地那）
阿拉伯半岛
非洲
贝雷尼克
麦加
尼罗河

红海

奈季兰

萨那

阿克苏姆

公元600年之前的
各宗教传播路线

琐罗亚斯德教	▰▰▰▶
犹太教	══▶
基督教	━━━▶
佛 教	━━━▶

蒙古

咸海

药杀水（锡尔河）

费尔干纳河谷

天山山脉

乌鲁木齐

吐鲁番

敦煌

粟特

克孜尔石窟

龟兹

库姆沙漠

撒马尔罕

片治肯特

极远亚历山大城

帕米尔

塔克拉玛干沙漠

米兰

布哈拉

尼萨

梅尔夫

提利亚特佩

阿伊哈努姆

亚　洲

阿里亚亚历山大城

巴克特里亚

你沙不儿

巴米扬

高加索亚历山大城

白沙瓦

赫拉特

喀布尔

布西发拉斯亚历山大城

阿富汗

兴都库什山脉

塔克西拉

锡斯坦

印度河

帕萨加第

阿拉霍西亚亚历山大城

克尔曼

木尔坦

哈拉帕

瓦歇·鲁斯塔姆

喜

马

拉

雅

山

脉

尼泊尔

摩亨佐·达罗

马图拉

恒河

曲女城

阿约提亚

华氏城

瓦拉纳西

马斯喀特

乌贾因

多摩梨帝

巴里加沙

印度

阿 拉 伯 海

科尔哈帕

孟 加 拉 湾

索科特拉岛

建志补罗

婆那婆私

哥印拜陀

帕塔南

马杜赖

拉克沙群岛

斯里兰卡

印 度 洋

轻重的地位。麦加也因此成为所有穆斯林祷告和朝圣的中心点，至今依然。

穆罕默德于公元632年逝世，当时阿拉伯军队正在出征，可谓战无不胜。萨珊和罗马帝国的大城市，如泰西封、大马士革、耶路撒冷和亚历山大港等，在一系列令人瞠目的战役中沦陷。新的阿拉伯领主在与新领土保持一定距离的地方扎起帐篷和营地，把管理工作也交给当地官员去做，并让他们征收税赋后上缴。

《古兰经》把基督徒和犹太人称作"有经人"（指《旧约》是他们共同的圣书），即"无须害怕或遗憾之人"。所以早期的穆斯林领袖不仅允许他们的征服之地兴建基督教和犹太教教堂，有时候甚至给予资助。《古兰经》还讲述了亚伯拉罕、以撒、摩西和诺亚这些人物的重要性，促进了不同信仰系统的融合而不是分裂。其他官方论述也是如此，比如刻在大马士革大清真寺外墙上的铭文，就注明了"耶稣，玛利亚之子"是"上帝的使徒"，他出生、死亡和复活的日子应被视作神佑日。

然而，时间终究改变了态度。强硬派的统治者受到权势谋臣的影响，开始严厉对待非穆斯林，迫害和折磨取代了宽容。全民皈依伊斯兰教的压力骤增。鼓励信教的政令被颁布：只要在清真寺做周五祷告的人，就能领到银币。统治者致力于让更多的非穆斯林信奉伊斯兰教，部分原因在于穆斯林之间的内斗越来越激烈。为了证明自己才是真主所传信息的最忠实的守护者，他们不惜一切代价。最

伟大的学者、哲学家和艺术家们不远千里，涌向大马士革、布哈拉和巴格达等城市

终，穆斯林内部分为两派：一是什叶派，认为只有阿里（穆罕默德的堂弟兼女婿）的后裔才可以成为最高统治者哈里发；一是逊尼派，他们对哈里发候选人的标准持开放态度。两派的分歧越来越激烈：被指定为穆罕默德继承人的头四个人里，有三人被刺身亡。时至今日，什叶派和逊尼派的对立仍是伊斯兰世界紧张局势的成因之一。

此时，随着阿拉伯军队在公元7—8世纪征服了越来越多的领土——从比利牛斯山脉和横跨北非的西班牙，到整个中东地区，再到喜马拉雅山脉——新的世界秩序形成了。这是一个把罗马帝国的地中海区域和旧波斯帝国最富裕、最多产、最先进的地区联合起来的世界，这是一个横跨三个大陆的新的强大帝国——阿拉伯帝国。和平和稳定终于回归，城市再度繁荣昌盛。

虽然伊斯兰世界依然时有冲突，有时候甚至残酷迫害非穆斯林，但是，一个自信满满、胸怀宽广、追求进步的新世界已经到来了。这里有数不胜数的财富，罕有天然政敌或宗教对手；这是一个商人致富，知识分子受到尊重，容许不同观点碰撞的井然有序的世界。在麦加附近的山洞，从那个当年似乎无望的开端，催生了一个世界性的乌托邦，一个理想社会，容纳了不同国家和文化背景的人民。对学者、商人和旅行者而言，这是一个黄金时代的开端。

　　阿拉伯帝国的财富和先进引人关注：那些出生在伊斯兰世界边缘或之外但野心勃勃的人，就像被花粉吸引的蜜蜂，蜂拥而至；对远在中国、南亚甚至更远地方的人来说，这一机会也不可抗拒。

第五章

智慧之路

这个帝国需要一座首都。许多城市争当伊斯兰世界的"心脏",最终拔得头筹的是一个壮丽的新城市,而且它的这个地位维持了数个世纪之久。它创建于公元 8 世纪,耗资巨大,是当时最富有、人口最稠密的城市之一。它被称为"巴格达圆城",即今天的巴格达。

巴格达的公园、市场、清真寺和澡堂云集,学校、医院和慈善组织林立。处处可见的镏金豪宅"装饰奢华,悬挂着织锦和丝绸挂毯",会客室"摆放着高雅的浅色豪华沙发和昂贵桌子,以及罕见的中国花瓶和无数金银饰物"。底格里斯河沿岸有园林式的宅邸、凉亭和花园,一个目击者曾这样描绘:"数以千计的尖头平底船,挂着小旗子,像阳光一样在水面上舞蹈,载着寻欢作乐的城民,从巴格达圆城的这头到那头。"

这座城市的财富令人叹为观止。哈里发哈伦·拉希德(以出现在阿拉伯民间故事集《一千零一夜》而举世闻名)在公元 781 年大婚时,曾送给新娘一串巨大无比的珍珠项链,还有一件装饰着红宝石的束腰外衣。婚宴现场也布置得相当盛大隆重,甚至有的宾客还幸运地收到了盛满银子的金碗或是盛满金子的银碗这等

巴格达，一座令人敬畏和惊艳的伟大新城

巴格达成为当时全世界最大、最富有的城市，宫殿、公园、清真寺、市场和博物馆应有尽有

贵礼。"这可真是前无古人啊！"有人这样感慨道。在这座城市里，有钱人热衷于寻找用钱能买到的最好的东西。"导购指南"应运而生，它会告诉你：哪里可以买到最美味的开心果（伊朗的你沙不儿）、最精致的马鞍（伊拉克的摩苏尔）和最可口的糕点（埃及）；同时也预警了一些雷区，比如味同嚼蜡的大马士革水果和耶路撒冷的高价货。当然，"导购指南"也会提供一些关于消遣娱乐的建议，例如"狩猎、射箭和国际象棋最适合有钱有势的人"。

另外，这座城市里的学者及其研究也得到了极大的支持。对那些绝顶聪明的人来说，种族、宗教甚至性别都不是障碍，他们以收集世界各地的资料为荣。这是一个在科学、数学、医学、天文学、文学和哲学领域都取得重大突破的时代。无论是古希腊哲学家亚里士多德的思想，还是相思病的病因和治疗方案，都有文献记载。从零到代数学和应用数学的发展，数学概念的研究也取得了喜人的成就。有的学者以实验的方式研究医药，检测疗效；有的学者则研究人体如何工作，以回答"人为什么会头晕？"，或者"为什么人恋爱的时候会觉得头晕目眩？"等诸如此类的问题；还有的学者则着手研究更棘手的命题，比如视觉和大脑、想象和现实的关系。

即便是最强大的欧洲领袖也只能勉强读写。

在伊斯兰世界对新发明和新思想欣喜若狂的时候，基督教统治下的欧洲大部分地区却由于资源和好奇心的缺失，在黑暗中日益衰落。生活在公元 4 世纪前后的圣奥古斯丁（早期基督教最重要的神学家和哲学家之一）对调查研究深恶痛绝。"人类为了知道而知道，"他轻蔑地写道，"虽然知识对他们毫无用处。"在他眼里，好奇心不过是一种病。

公元9世纪的解剖学和人体工作原理研究

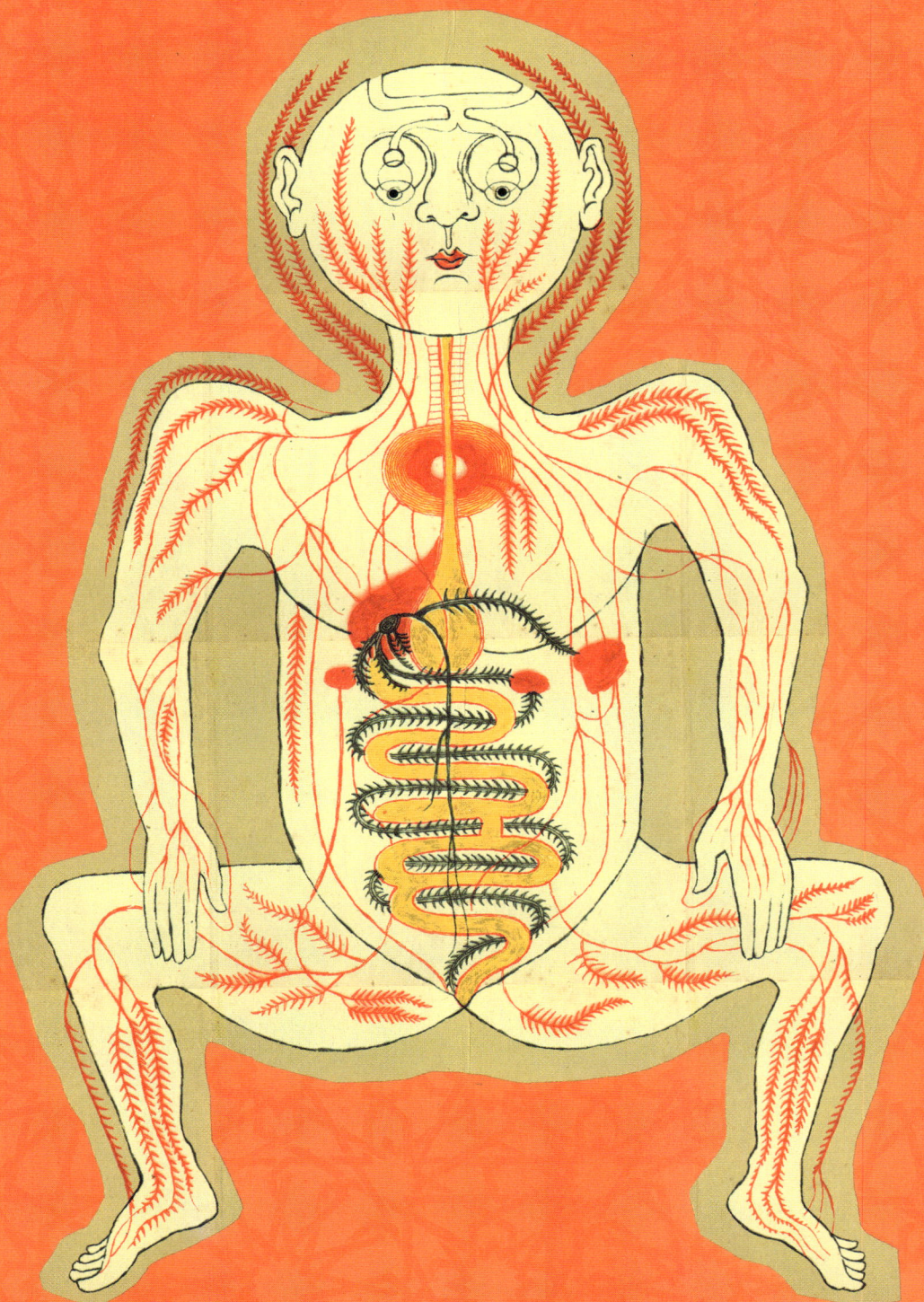

为了发展医药和保健，人体的工作原理深受关注。最著名的人物当数伊本·西拿（又名阿维森纳），他不仅自己做实验，还收集别人的实验结果。他对心脏病学以及如何高效用药尤其感兴趣。也有的人专于研究眼疾的治疗方法，甚至研究演奏音乐对缓解病人痛苦的作用过程在这个对立的世界里，即便是最强大的欧洲领袖也只能勉强读写——很多甚至是文盲。统一欧洲大部的查理曼，曾在枕头下搁了一块平板（不是我们现在的平板电脑，而是以黏土烧制，写字用的板子）来练字。可惜并没有什么效果，熟识他的人曾透露，他从未娴熟掌握连笔的写法。

欧洲对科学和学术的漠视令穆斯林大惑不解，要知道，穆斯林对托勒密、欧几里得、荷马和亚里士多德等古希腊学者可是顶礼膜拜的。历史学家马苏迪曾写道：古希腊和古罗马的科学一度百花齐放，但在他们皈依基督教后，却放弃了知识和理性，选择了信仰。欧洲大部可谓智识上的一潭死水，无甚可言。另一个作家在描述欧洲时也曾这样写道："我们不让欧洲进入我们的书本，因为有关它的信息毫无用处。"曾经，欧洲真的无足轻重。

亚洲却非常重要。穆斯林最大的兴趣就是了解亚洲，学习亚洲的文化、亚洲人的生活方式和风俗习惯。据说中国人"身穿丝绸，冬夏皆然"，但是喜欢用粗纸擦屁股，既不卫生又不舒服。中国人还喜欢音乐和各类娱乐活动，不像印度人那般以之为耻。印度的统治者甚至没有喝酒的习惯，并非出于宗教原因，而是他们认为：一旦喝醉了，怎么可能处理好国事？

以巴格达、大马士革、摩苏尔和撒马尔罕为中心的阿拉伯帝国，吸引了远道而来的商人，买家也如潮水般涌向市场。大量中国的瓷器和陶器被运往此地：公元 9 世纪，一艘几乎可以确定驶向波斯湾的商船沉没在印尼海岸，仅这艘船上便载有 7 万多件瓷器，以及金器、铅锭、各类饰物。涌入波斯湾港口的异国商品如此之多，以至有人雇用职业潜水员，专门打捞从商船上掉落的货物。

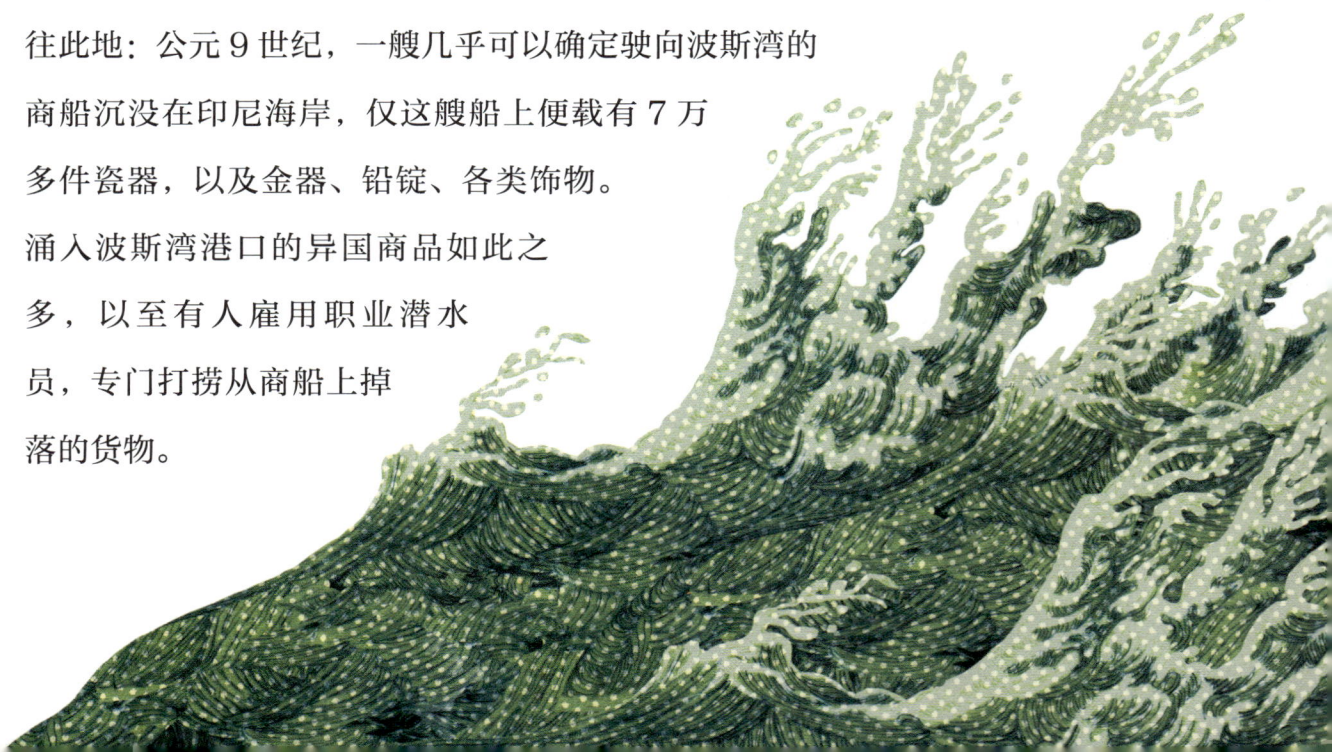

公元 9 世纪，一位中国旅行者对他在阿拉伯帝国的所见所闻赞叹不已："天下的商品这里样样都有。货车拉着数不清的货物到市场去，你什么都可以买到，而且价格很便宜：市场上、店铺里，到处展示着锦缎、刺绣丝绸、珍珠和其他宝石。"需求不仅刺激了旅游和贸易，也促进了技术的进步。从商船设计到窑炉的大小，技术的进步影响着生活的方方面面。

这是一个高度联结的世界，商品、人员和思想迅捷地流动，远达数千千米。

大海变幻莫测，并非所有船只都能安全返航

唐朝时期（公元 618 — 907 年）的中国，也进入了黄金时代。首都长安（今西安）的人口超过 100 万，生活、艺术和学术欣欣向荣；政府治理良好，法制健全，对富人穷人一视同仁；科技发达，印刷术得以发明（比欧洲早了约八百年），陶瓷制品畅销至数千千米外。

亚洲中心到处繁荣稳定。朱罗国[1]统治了印度南部，高棉人[2]统治了泰国和柬埔寨，还有建立于苏门答腊岛的三佛齐国，更是凭借繁荣、稳定的贸易环境而崛起。乌克兰、俄罗斯和中亚地区的草原也发生了变化，可萨人[3]在这里创立了一个多民族的部落联邦，控制大片领土，用以放养牲畜——尤其是马匹。这些马匹随后会卖给梅尔夫、赖伊和巴克特里亚的买主。这些城市因东西方跨境贸易而繁荣昌盛。

这些城市的繁荣和发展，反哺了可萨人，这些买家中有不少穆斯林、基督徒和犹太人，他们甚至定居在可萨境内。公元 800 年前后，可萨统治者觉得是时候在这三大主流宗教中为自己的民族选择一个宗教了。

---

1 印度半岛古国，其地在今安得拉邦东南部本内尔河河口及以南一带。

2 主要分布在柬埔寨。高棉族是柬埔寨的主体民族。

3 一个半游牧的突厥语民族，建立了强大的可萨汗国。

于是，受邀而至的宗教学者们便开始轮流向可萨统治者讲解自己的宗教，这一情景有点像如今电视上的游戏竞赛节目。在仔细听完讲解后，可萨统治者宣布"以色列人的宗教更好"，决定"信任上帝的仁慈和力量，选择以色列人的宗教，即亚伯拉罕的宗教"——也就是犹太教。他随即行了割礼[1]，并且命令男仆和子民也这么做。这个消息让世界各地的犹太人目瞪口呆，一位西班牙学者简直不敢相信在亚洲中心竟然冒出了一个强大的犹太教帝国。

欧洲人也不甘落后，努力参与东方的贸易网络。但是一方面，他们能带来的商品大多没什么市场需求；另一方面，有钱的买主只分布在丝绸之路沿线，数量不多。只有琥珀、鹰隼、核桃和斯堪的纳维亚剑

---

1 即割去男子阴茎上的包皮，犹太教视割礼为上帝吩咐的、必须遵行的宗教行为。

受欢迎。在富裕的伊斯兰世界，动物的毛皮尤其是软皮很受追捧，致使贩卖来自俄罗斯森林的野兽毛皮的贸易一度非常活跃。

有一类贸易的需求量特别大，利润特别高：买卖男人、女人和孩童，也就是奴隶。

第六章

奴隶之路

✳

奴隶贸易规模庞大。被卖到东方的欧洲奴隶实在太多，以至于教皇屡次尝试禁止。公元 775 年，教皇哈德良一世[1]宣布贩卖基督徒是"可耻的行为"，上帝严禁奴隶贸易继续下去。可是没有人搭理他，因为奴隶贸易所带来的金钱诱惑实在难以抗拒。于是，诸如都柏林（位于爱尔兰）、乌特勒支（位于尼德兰）和威尼斯（位于意大利）等城市发展成了奴隶贸易的中心。虽然人贩子大多是威尼斯人，但从事这项贸易"效率"最高的还是维京人。

人们通常认为，维京人是搭乘长船抵达英国海岸的，在当地人闻风而逃后，他们再大肆洗劫。但实际上，这群强悍、坚定、可怕的维京人并非从斯堪的纳维亚向西前进，而是选择向东和向南。

在瑞典首都斯德哥尔摩附近发现的一块石头上，以卢恩文字[2]写道："像其他男人一样，他们远行去寻找黄金。"但是后来，"他们死在了撒兰南部"——萨拉森人（阿拉伯人）的领土。维京人相当可怕，据说他们"从头到脚，都是深绿色的

1　意大利籍教皇（公元772—795年在位）。

2　一种已经灭绝的字母，在中世纪的欧洲用来书写某些北欧日耳曼语族的语言，特别在斯堪的纳维亚半岛与不列颠群岛通用。

文身"。还有人说他们"像棕榈树一般高",而且十分危险,"每个人都携带刀斧剑"。他们以惊人的体力和耐力以及不择手段的性格著称。东方人称他们为"罗斯人",这可能与他们的红头发有关,但更可能指他们的划桨技术。"俄罗斯"这一名称即由此而来。(又及,与我们很多人以为的不同,维京人其实并不佩戴角盔。)

维京人令人闻风丧胆。"救救我们吧,上帝,"当时的一个法国人苦苦祷告,"那些野蛮的维京人摧毁了我们的国家;掳走我们的男童……我们乞求您的拯救,不受这些罪恶的戕害。"最近几十年在斯堪的纳维亚和丝绸之路沿线出土的银币显示,维京人参与的伊斯兰世界奴隶贸易规模十分庞大。换到现在,这是一个数十亿美元产值的产业。

伊斯兰世界很喜欢奴隶——不仅是欧洲的奴隶,非洲和亚洲的也喜欢。"导购指南"能提供各式建议,从皮肤的柔滑度到如何避免"潜在缺陷",比如口臭、耳聋和口吃,以帮助那些有钱人精挑细选出他们需要的奴隶。奴隶贸易的兴起,也刺激了丝绸之路沿线商品贸易的对外扩展。公元 10 世纪时,一个西班牙旅行者在德国西部港口城市美因茨惊讶地发现了"只有远东才有的香料,比如胡椒、生姜、丁香、甘松和高莎草"。更令其惊讶的是,阿拉伯银币以及其他中亚铸币在这里也能流通。

公元 950 年前后,局面发生了变化。伊斯兰世界内部的纷争引发暴乱,导致麦加受到攻击和洗劫,伊斯兰世界从巴格达到北非的领导层发生了变化。与此同时,连续数年的寒冬也造成了可怕的影响,有人甚至不得不"捡拾马粪和驴粪里的麦粒充饥"。

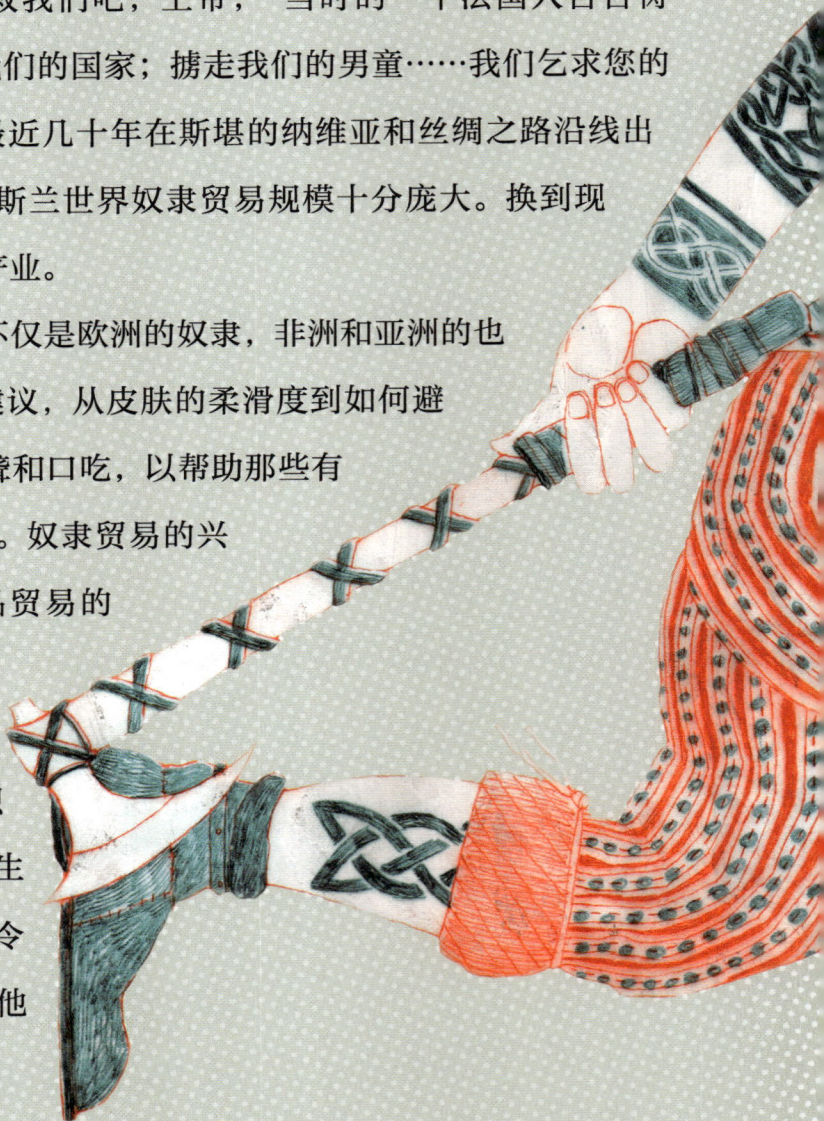

古斯堪的纳维亚人以强悍、文身和吓人著称

如此形势，罗斯人不得不另找出路。他们把在伏尔加河、第聂伯河和德涅斯特河等长途贸易必经的大河沿岸建起的坚固的贸易站逐渐发展为城镇，如诺夫哥罗德、切尔尼戈夫和基辅。这加速了罗斯人蚕食可萨人政权的进程，可萨人在这一过程中也逐渐意识到了对手的强大。胃口越来越大的罗斯人决定寻找更大的新市场做买卖。于是，他们将目光转向了东罗马帝国的首都君士坦丁堡。君士坦丁堡不仅是欧洲最大的基督教城市，在全世界也名列前茅。

罗斯人的这一选择并不受欢迎，尤其他们首次造访君士坦丁堡时，就在市郊大肆掠夺，放火烧房，吓坏了当地人。虽然这绝非交朋友的好方式，但双方的确由此建立起了关系，尤其是在公元 988 年罗斯人首领弗拉基米尔皈依基督教之后。罗斯的经济制度也慢慢起了变化，崇尚武力的强硬派统治让位于良好的管理、奢侈品贸易和经济发展。与此同时，罗斯人还借鉴了来自君士坦丁堡的观念、文化甚至建筑风格。

在君士坦丁堡和东方基督教有密切接触的，并非只有罗斯人。定居在这座都城的人越来越多，比如比萨、热那亚和威尼斯的商人，吸引他们的是与拜占庭帝国（东罗马帝国的别称）的贸易以及打开亚洲商路的可能性。也有一些人只是来

罗斯人一到君士坦丁堡，就放火烧房，大肆洗劫

冒险的，还有的甚至加入了拜占庭皇帝的禁卫军——比如后来成了挪威国王的哈拉尔·哈德拉达，他率领的维京军队于 1066 年在斯坦福桥战役[1]中被英格兰国王的盎格鲁－撒克逊军队击败。而就在斯坦福桥战役爆发的几周后，英格兰内部又爆发了黑斯廷斯战役，这场战役以维京掠夺者罗洛的后裔"征服者威廉"占领英格兰告终，于是一些参战的盎格鲁－撒克逊贵族不得不逃到君士坦丁堡，寻找新生。欧洲此刻也在发生着变化。为了迎合既野心勃勃又虔诚信教的贵族阶层所需，欧洲修建了大量的城堡和修道院。带着参观耶稣生活、死亡和复活的土地的愿望，越来越多的人长途跋涉，开始了艰难、昂贵的前往耶路撒冷等圣地朝圣的旅行。这些朝圣者经常大规模结伴而行，通常会经过君士坦丁堡——几个世纪以来，那里保存着许多基督教遗迹，比如荆棘王冠和耶稣受难时的十字架残片。

1095 年，大变陡生。伊斯兰世界爆发内乱，突厥人趁机控制了巴格达，而且大举西进，几乎攻到了君士坦丁堡城下——对拜占庭国王阿列克修斯一世而言，这是压在骆驼身上的最后一根稻草。帝国内部经济困顿、外有邻国强压，早

---

1 此役标志着维京人入侵英格兰的终结，维京时代宣告结束。

已步履维艰。因此，他向罗马教皇乌尔班二世求援，希望能借用一批骑士，助他夺回小亚细亚（今属土耳其）的一些主要城市。

乌尔班教皇欣然接受了阿列克修斯一世的请求，因为他知道东方的基督教帝国深陷泥潭，亟须支援；同时他也意识到一次成功的远征或许可以修补整个欧洲的藩篱——欧洲内部的基督徒四分五裂，教皇的权力受到国王甚至某些高级神父的挑战，把基督徒联合起来抵御外敌，可以阻止他们继续争吵。于是，乌尔班教皇动用了一切手段，发动骑士开启了这次远征，史称十字军东征。东征的奖赏则是朝圣的终点——耶路撒冷。并非所有骑士都愿意加入这次东征，比如西西里岛的罗杰二世就拒绝随行。他治下有大量穆斯林、基督徒和犹太人，对于教皇的大计，他只用"抬腿放了一个响屁"来表示他的态度。

但响应的人还是不少。令人难以置信的是，尽管这次东征困难重重，军队几次险些覆没，但是参与第一次十字军东征的战士们竟然成功地杀出了几千千米，并于1099年夏抵达圣城。

7月15日，攻城开始。来自法国沙特尔的年轻骑士兰波·克莱顿第一个爬到城墙顶。谁料，守军早已等候多时，一下就干净利落地砍断了他的胳膊。但十字军还是突破了防守攻进城内并开始屠杀当地居民。耶路撒冷很快尸横遍野，曾有作家记载道：堆起来的尸体"像城门外的马一样高"。几年后另一个作者写道："如果你在现场，死难者的鲜血会淹没你的脚踝。无人可以幸免，妇女和儿童也不例外。"被杀的不只是穆斯林，在十字军穿越欧洲时，犹太人也惨遭荼毒。事实上，耶路撒冷的所有居民都是十字军的目标：这些基督教骑士将其视作一场复仇，既为几个世纪前受难的耶稣，也为他们未能安然抵达耶路撒冷的战友。

在十字军首领看来，虽然此番攻城已达成目标，但所有人仍要时时刻刻提防未来有可能发生的一切状况。十字军战士很清楚，在圣地坚守战果并不容易，问题在于他们是否能做到，以及是否值得这么做。

第一次十字军东征的骑士抵达并攻陷了圣城耶路撒冷

第七章

天堂之路

征服耶路撒冷是欧洲历史上的重大事件。突然之间，国王、骑士和宗教领袖不得不思考如何保住他们在中东地区的一系列领地。这一问题的关键就在于如何向驻地守军供应补给。十字军战士占领耶路撒冷之后就意识到，如果他们想活下来，就必须与当地人合作，只用对抗的方式，连基本的生存需求都无法满足。十字军战士在耶路撒冷面临敌人和潜在敌人的包围，学会如何与他们打交道，需要时间和技巧。

从欧洲城市海运补给到耶路撒冷是个不错的方式。只要往圣地运输紧缺物资，再卖给占领军，就可以赚取高额利润，这一既能朝圣又能挣钱的绝佳机遇很快就吸引了比萨、热那亚和威尼斯人的注意。但实际上，有关这场生意的竞争相当激烈，以至于这些共同支持十字军的欧洲城市更像是对手而不是盟友。

这条航路一旦开辟，欧洲基督徒不仅能卖出自己的东西，还能在当地采购一些货物，再运回国内销售。这些货物种类丰富，包括胡椒、肉桂、明矾、清漆、肉豆蔻、丁香、糖、熏香、小豆蔻、氨水、象牙等，其中的大部分并非产自圣地，而是经由穆斯林控制的贸易路线（包括出口了花样繁多的香料、织物和奢侈

品的埃及港口）转运至此。

这条联结东西方的贸易路线令不少人发家致富。有一个聪明的投资者引进并转卖印度和中国的商品，挣了大钱。他拿出了一部分金钱支持圣地麦加的翻修工程，因此获得了死后埋在麦加的稀有特权。思想观念也通过这条贸易路线得到了传播。在安条克和大马士革等城市的图书馆里，经常有欧洲学者在认真阅读有关科学、数学和算法表的书籍，以及出自君士坦丁堡的一些阐释古希腊哲学的著作。

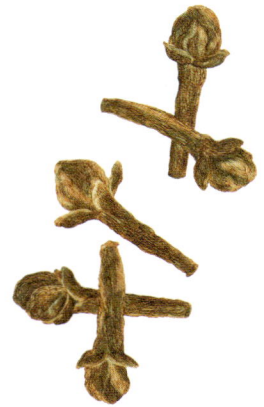

后来，有人开始抱怨十字军东征给伊斯兰世界带来的变化。一位阿拉伯作家曾写道，穆斯林战舰在海上一度如履平地，那些基督徒根本不是他们的对手。不过，起初人们对十字军入侵的反应是有限的，这一事件在伊斯兰世界几乎没有激起什么关注的水花。虽然十字军费了老大劲儿才杀到耶路撒冷，早期也遭遇了一些抵抗，但一开始并没有引起什么重大的反响。伊斯兰世界对此无动于衷的态度终于惹火了一些人。有个法官在震惊之下，冲入巴格达的哈里发宫廷，抱怨统治者对欧洲军队的到来缺乏应对，指责他们安于享乐，不去奋起驱逐这些基督徒征服者。

伊斯兰世界的态度给了十字军喘息的机会，他们逐渐占领圣地，开始构筑与当地包括穆斯林在内的城民和统治者的关系。

十字军与近邻的紧张关系在所难免，局面直到1180年才得以逆转。聪明的将军萨拉丁[1]成功联合了

1　中世纪伊斯兰世界著名军事家、政治家，埃及阿尤布王朝首任苏丹。

尽管政治动荡，贸易仍在继续。胡椒、丁香、肉豆蔻、小豆蔻、熏香和肉桂都被运往圣地

伊斯兰世界，并于 1187 年在哈丁之角[1]大败基督徒骑士，这次战役瓦解了十字军建立的耶路撒冷王国。作为胜利者，萨拉丁可谓宽宏大量，他给被俘的耶路撒冷国王提供冰镇果汁，助其恢复活力。

大赦全城的条件谈好后，耶路撒冷很快就投降了。耶路撒冷的陷落在基督教世界引发震荡。这给基督教世界带来了耻辱，也给欧洲和东方世界的联系造成了重创。耶路撒冷的陷落甚至还令听闻消息的乌尔班教皇惊惧而亡。他的继任者宣告圣城的陷落应归咎于"该城居民的原罪"，以及"全体基督徒的原罪"，煽动大家强力回击。

于是，一支庞大的远征军由此而起，由欧洲最有权势的三个人率领出征：英格兰国王"狮心王"理查一世、法国国王腓力二世、神圣罗马帝国皇帝腓特烈一世。但他们几乎一无所获。大约又过了十年，威尼斯人启动了一个野心勃勃的收复圣地计划。不过，这次行动不是直捣耶路撒冷以及为它服务的港口，而是先把目标对准了埃及，那里的居民极其富有，"穷其一生寻欢作乐"——威尼斯人正是看准了这一点。

但计划执行起来却一塌糊涂。费用大大超出预期，同时领导不力，决策混乱，导致军队转而攻击了克罗地亚的基督教城市扎达尔——尽管当地居民在墙上悬挂了十字架图案的旗子，并且时任罗马教皇英诺森三世也警告过他们别碰这个

1　位于巴勒斯坦北部。

从君士坦丁堡劫掠的熏香和古代文物

城市，但一直觊觎扎达尔的威尼斯军队还是攻击了它。接着，在金钱的诱惑下，他们非但没有按计划前往耶路撒冷，反而掉转船头杀向了君士坦丁堡。

1204 年，苦等佣金不得的威尼斯十字军洗劫了这座拜占庭帝国的伟大首都。君士坦丁堡就像失去了控制的人间地狱般惨遭蹂躏：国库被洗劫一空，最著名的圣物失窃，城市和帝国最好的土地被瓜分。打着服务上帝的幌子，十字军东征事件最终演变成了一出以宗教的名义掠夺权力和财富的闹剧。

时隔不久，十字军又开展了一次旨在收复圣地的东征。13 世纪 20 年代，他们错误地决定攻打埃及首都开罗，结果又一次陷入了无尽的麻烦，很快便遭遇惨败。这时传来消息，一支大军正从东方赶来。有关其首领的消息是零散的，但与一个强大的基督教国王的传说相吻合：他统治的领土幅员辽阔，那里"牛奶和蜂蜜自由流淌，可免费取用"，丝毫没有邪恶的种子。但其实，十字军得到的消息并不准确。践踏亚洲的铁蹄背后，既没有充满善意的君王；这次行动也不是为了支援他们。

实际上他们是来自蒙古的勇士，他们的领袖——成吉思汗，是历史上最著名的人物之一。

第八章

地狱之路

成吉思汗是蒙古的领袖，是历史上最著名的人物之一。蒙古人因在马背上百步穿杨的箭术以及闪电般的移动速度名扬四海，在成吉思汗的统率下更是战无不胜。

成吉思汗是杰出的战略家，他敢向追随者承诺丰厚奖赏，而且言出必行。他要求身边的人绝对忠诚，尽心尽力为蒙古积累财富。作为回报，他们也会收获地位和权势。蒙古人崛起的速度奇快。在 1206 年成为草原之主后，成吉思汗和他的子民便将目光转向了南方。他们所向披靡，最终攻陷了金朝的首都中都（今北京城西南隅）。接着，中亚地区也迅速陷落。再然后是俄罗斯。1241 年蒙古军进攻欧洲，很快大胜而归。短短数十年内，蒙古人建立了历史上最大的陆地帝国。

此外，蒙古人还是聪明的管理者。他们接受异教徒的存在，鼓励贸易和赋税。他们深知恐惧的力量，有时候甚至不用开战，就能击退敌人。比如在 1258 年征服巴格达时，他们只稍加围攻，便彻底攻陷。

但不是所有人都害怕他们。时任英格兰国王的爱德华一世认定蒙古人是理想的盟友，可以与他们携手对抗在圣地击败了十字军的穆斯林。他还和一位来自

中国西部的使者会面，商讨联盟协议。

这名使者是一位基督教主教，后来还为爱德华一世做了弥撒。英格兰国王还特地为这场收复圣地的结盟计划主持了一场盛宴。罗马也举办了游行活动，以庆祝必将旋踵而至的胜利。然而，这个完美计划并未得到落实——威廉·华莱士[1]在苏格兰揭竿而起后，英格兰军队不得不赶紧去"灭火"，与蒙古人的盟约和军事行动计划也就无疾而终了。

即便如此，欧洲国家对蒙古人和亚洲的兴趣依然高涨。使者们被派往东方，以探寻更多关于强大征服者的信息，也将他们游历过的地方、结识过的人物的故事带回。这些故事荒诞至极，有的说蒙古人长着象鼻耳朵，有的说蒙古人的脚丫子前后倒置。而意大利旅行者、商人马可·波罗则描绘了在亚洲，钻石被老鹰不经意地从深不可测的山谷里带回鹰巢，然后被人们找到的故事。

这些故事与亚洲本地的记录遥相呼应。在亚洲，人们也渴望了解更多这样的异域风情。中国有一种说法称，麦加是佛陀的故乡，那里有一个地方能让女人只

1　苏格兰独立战争的重要领袖之一。

54

要"光着身子吹吹风"就会怀孕。尽管这些故事很荒诞，但情报、消息与传闻传播得比以前更远更广也是不争的事实，这说明世界的联结日益紧密。

蒙古人的这场出征似乎加速了世界的进一步沟通，很快市面上便出现了各式的"导购指南"，内容包括：该买什么东西、在哪里买、以什么价格买合适等。尽管要想在做买卖时完全避免被坑还是有些困难，但至少商人和旅行者不必再为安全忧心。14 世纪著名的阿拉伯旅行家伊本·白图泰曾写道：中国非常安全，"一个人携带大量财物旅行了九个月，压根儿不用害怕什么"。

洲际贸易也在蓬勃发展。大量商品被运往马里帝国，这个强大的中世纪西非伊斯兰教帝国由曼萨·穆萨统治。由于此地盛产黄金，穆萨还被欧洲人称作"全世界最富有、最高贵的国王"。一次，穆萨在经由开罗前往麦加时，随身携带了大量的黄金，配备了非常多的仆役，令过路人惊叹不已。但是在 14 世纪 40 年代时，繁荣戛然而止。这回作乱的不是战争，也不是暴力，而是另一种东西。它沿丝绸之路迅速传播，从一个城镇到另一个城镇，所到之处不是死亡就是毁灭，规模之大超乎想象——它便是鼠疫。鼠疫犹如野火，从中亚大草原蔓延到欧洲、伊朗和中东，再到埃及和阿拉伯半岛，令数千万人死于非命。

鼠疫由动物传播给人类，主要是通过鼠类身上的跳蚤。它们携带大量细菌，在叮咬人体时将细菌传入血液。接着，细菌顺着血液散布到人体各个淋巴结——比如腋窝、腹股沟，快速引发淋巴结肿胀。之后开始感染其他器官，最终导致严重的内出血和独特的黑色脓水包、血水包，观之极为恐怖。这就是黑死病。

这种病的危害前所未见。整个城镇被感染。罹难的人实在太多，活人甚至来不及掩埋死者。有些作家在书末留下大量空白页，"以备活下来的人"继续完成。也有人提出了一些避免感染的建议。瑞典的一位神父认为，不洗澡，躲开南风——至少在午饭前，或许可以避免黑死病的感染。有些穆斯林学者则敦促

涅瓦河

斯德哥尔摩
1349

诺夫哥罗德

俄罗斯

伏尔加河

苏兹达尔

下诺夫哥罗德

波洛茨克 维捷布斯克

梁赞

1350

维斯瓦河

欧洲

斯摩棱斯克

乌拉尔河

1349 都柏林

奥德河

克拉科夫

基辅
1351

第聂伯河

伦敦
1348

安特卫普

易北河

巴黎

莱茵河

慕尼黑

维也纳

德涅斯特河

里海

卡扎

卢瓦尔河

威尼斯
1348

布达佩斯

多瑙河

卡法
1346

黑海

高加索山脉

热那亚

比萨

佛罗伦萨
1347

扎拉

巴尔干半岛

索非亚

君士坦丁堡
1347

大不里士
1346

马德里

塔霍河

巴塞罗那
1348

罗马

那不勒斯
1347

哈里斯河

阿亚斯

埃德萨

底格里斯河

赖伊

伊朗

里斯本
1349

拉各斯

塞维利亚

格拉纳达

1348

巴勒莫

雅典

地中海

安条克

阿勒颇
134

大马士革
1347

阿勒坡

巴格达
1347

巴士拉

伊斯法

伊儿汗

波斯湾

尸罗夫

菲斯

马拉喀什

马赫迪耶

的黎波里
1348

达米埃塔

提尼斯

海法

耶路撒冷

开罗
1347

中东

幼发拉底河

马

非洲

尼罗河

埃及

红海

麦地那

麦加
1348

阿拉伯半岛

廷巴克图

亚丁
1351

吉布提

索科特

13—14世纪的死亡与破坏

黑死病传播路径 →
蒙古作战路线 →

金帐汗国
（钦察汗国）

大汗汗国

哈拉和林

察合台汗国

阿尔泰山脉

药水（锡尔河）

费尔干纳河谷

天山山脉

塔克拉玛干沙漠

喀什

敦煌

戈 壁 沙 漠

龙城 · 辽阳

撒马尔罕

帕米尔高原

甘 肃 走 廊

北京
1354

巴尔克

亚 洲

河间

开城

喀布尔

兴都库什山脉

中国

1335 龙兴

忠清

印度河

拉合尔

喜 马 拉 雅 山 脉

宁夏

洛阳

1332

长江

恒河

成都 · 重庆

临安

齐陶尔

大理

赣州

东海

帕哈普尔

漳州

索帕拉

詹东

蒲甘

南宁 · 广州
1334

德瓦吉里

清迈

升龙

南海

苏诃达雅

因陀罗补罗

卡利卡特

孟加拉湾

毗阇耶

科钦

吴哥

斯里兰卡

拉伯海

吉打

印 度 洋

信徒每天祷告 11 次，希望能有奇迹发生。但没有一个管用。

最终的死亡人数令人瞠目结舌。据说，不到五年的时间，欧洲就有三分之一的人口死亡，埃及损失了 40% 的人口，亚洲则在千万以上。奇怪的是，黑死病的毁灭性传播也注定了它自身的灭亡：由于感染后的存活率几乎为零，那么一旦人口分散，感染率也会迅速下降，因为携带病菌的活人越来越少了。

黑死病过后，人们的生活日益恢复正常。另外，黑死病还带来了一个出人意料的结果：人口数量的减少，导致贫富差距缩小，因为可雇佣的人越来越少，有工作能力的人自然而然就实现了薪水上涨，那些拥有土地和产业的人也不得不给工人和佃户更好的条件。消费模式也出现了变化，在眼睁睁看着亲朋好友一个个死去后，人们觉得存钱没有了意义，便开始大手大脚消费。

在 1400 年前后，从欧洲到中东再到亚洲，都能看到这种影响。受益于亚洲贸易——以精细规划的贸易站和人情网络为基础——的复兴，在对亚贸易中大赚特赚的威尼斯人得以兴建宫殿豪宅。作家和艺术家发现以前不情不愿的金主现在开始有意愿和能力为他们的作品买单，由此产生了新的艺术形式、风格和标准。

新的野心浪潮不仅让奥斯曼土耳其人直逼君士坦丁堡，更是使其深入巴尔干半岛。军阀帖木儿[1]追随两百年前成吉思汗的脚步，在亚洲中心创建了一个庞大的新帝国，以矗立至今的纪念碑装点撒马尔罕和布哈拉

---

1 帖木儿帝国的创建者，出身突厥化的蒙古贵族。

等城市，其奢华和精致不落任何时代的下风。

与此同时，15 世纪初期，中国在明朝的统治下大兴土木，包括连接主要城市的运河工程，以及扩建北京的宏伟计划。在郑和的指挥下，花费巨资打造的巨舰浩浩荡荡地出发，希望对东南亚、印度、波斯湾和非洲有更多发现。巨舰带回的特产和异域动物——比如长颈鹿——让急于了解外界的朝廷深深着迷。

激动人心、充满活力的时代浪潮也在别处涌动。桑海帝国在西非成形，它的首都廷巴克图位于穿越撒哈拉沙漠的贸易路线的十字路口。这座城市不仅巨型图书馆云集，而且拥有很多知名学者，书籍是当地市场上最昂贵的东西。

无数男人、女人和小孩在不幸被俘后变成奴隶……

在葡萄牙，航海技术的发展让征服者得以沿非洲海岸航行。无数男人、女人和小孩在不幸被俘后变成奴隶，他们被烙铁打上标签，卖给葡萄牙拉各斯码头出价最高的人。但是有一位参与绘制非洲海岸图的大海征服者却志存高远。他对奴隶贸易兴趣不大，而是致力于开拓通向亚洲的贸易路线。他确信，如果自己一路向西，穿越浩瀚的大西洋，一定会抵达印度和中国的繁华市场。他甚至说服伊萨伯拉女王及其丈夫斐迪南二世（西班牙古国卡斯提尔王国和亚拉冈王国君主）资助这次航行。他就是克里斯托弗·哥伦布。

第九章

新世界之路

※

492 年 8 月，哥伦布向未知世界扬帆启航。七个月后，他横跨大西洋返航，带回了众多新的发现。这一消息令整个欧洲激动疯狂。哥伦布报告自己在印度发现了以前不为人知的地区（实际上是美洲），那里的土地极其肥沃，香料数不胜数，"巨大的金矿和其他金属矿"等着被开采。这听起来难以置信，但的确如此。此后数年，哥伦布一伙人继续横渡大西洋，很快又有了新的发现。他们先是在今委内瑞拉海岸发现了一大片牡蛎繁殖场，那里出产数以麻袋计的珍珠。随后他们又发现了中美洲的阿兹特克文明[1]和南美洲的印加帝国，那里堆金积玉。那些从欧洲出海，渴求财富和荣耀的冒险家们立刻便盯上了这些目标。

当地人受到了野蛮的对待，"其程度前所未见，甚至难以想象"，一个目击者如是说。贪婪是暴力的根源，正如一个西班牙士兵所说："我和同伴患上的心病只有黄金可以解除。"欧洲探险家抵达阿兹特克首都特诺奇蒂特兰城后，他们的行为"与野兽无异——每个人都被贪欲完全掌控"，盾牌上的黄金、冠冕上的

1　墨西哥古代阿兹特克人所创造的印第安文明，和玛雅文明、印加文明并称美洲古代三大文明。

阿兹特克人压根儿不是西班牙人及其盟友的对手。"他们什么都拿。"一个目击者如是说

珠宝，任何值钱的东西都被洗劫一空。一个记载言简意赅："他们什么都拿。"雪上加霜的是，此前在美洲闻所未闻、当地人完全无力抵抗的疾病也趁机而入。天花和流感大肆暴发，饥荒紧随其后，当地人口急剧下降，可以耕种的劳动力越来越少。很快，大西洋舳舻千里，到处是载着珍宝返航的船只。运回西班牙的金银财宝不计其数，竟然像小麦一样随意堆放在码头。有人甚至在一天之内看到码头上连续卸下 332 车贵金属。难怪有人把新世界（美洲）的发现称为"创世以来最伟大的事件"。

来自美洲的巨额财富让西班牙国王查理五世成为欧洲最有权势的家伙。他用这些新财富压制对手，在 1519 年成为神圣罗马帝国的皇帝。查理五世的上位令其他统治者头痛不已，他们发现自己被一个决心进一步扩大自己权力的统治者击败、排挤和超越。说到财富和影响力，就连英国国王亨利八世这样的角色在查理五世面前都变得不值一提。当然，亨利八世作为一位国王，他的财富就连本国教会也不如，遑论与他的西班牙对手相比了。

很快，大西洋舳舻千里，到处是载着珍宝返航的船只。

"面容姣好，犹如美女"的亨利八世作了一个非常冒险的决定：抛弃发妻亚拉冈的凯瑟琳，与侍女安妮·博林再婚。他千方百计想要休掉的这位女士是西班牙国王的姨妈，所以他的再婚，不仅是在挑战教皇（因为只有教皇才可以裁决他能不能合法地结束首次婚姻），而且是在挑衅全世界的首富、欧洲大陆的主宰。

蠢蠢欲动的并非只有西班牙。哥伦布横穿大西洋后仅五年，达·伽马便指挥了一支葡萄牙舰队反方向向东边的亚洲启航。在绕过非洲大陆南端后，达·伽马发现了通向波斯湾、印度的航线。这条航线与横穿大西洋的相比，并不逊色。

很快，人们开始普遍使用海运大船运输货物。威尼斯人因此伤透了心，哭号着"威尼斯要完蛋了"。海路运输意味着香料、织物、宝石、瓷器等货物不会再像陆运时那样被多次征收关税，所以价格会便宜许多。以前从欧洲各处跑来威尼斯"买香料的人，现在都跑去里斯本[1]了"，一个后来成了威尼斯总督的聪明人说。不过，威尼斯人倒也不必太过杞人忧天。一方面，海运非常危险，16世纪早期开往亚洲的商船，超过一半未能返航。另一方面，奥斯曼土耳其人不喜欢外来者，不仅威胁要抢走葡萄牙人的生意，甚至不惜为此一战。如此形势下，葡萄牙人决定自保为要，开始建筑堡垒以抵御外敌入侵。不管情况如何，威尼斯还是很快派使者前往埃及的穆斯林提议结盟，共同对付扰乱旧贸易秩序的新贵。

与此同时，西班牙和葡萄牙的探险家继续往东前进，抵达了印度、远东的香料群岛（东印度群岛）、中国沿海，甚至穿越了整个太平洋。突然之间，欧洲成了洲际的交点，世界的中心。不仅如此，欧洲的中心也从东向西转移，更靠近美洲和新开辟的亚非航线。一个西班牙人评论说，这真的称得上是黄金时代。此言不虚。

织物、瓷器等异域商品随着新贵们购买意愿的增强，供应量与日俱增。其中，香料

---

1 葡萄牙王国首都，里斯本港是其最大的港口。

克里斯托弗·哥伦布著名的旗舰：圣玛丽亚号

的需求量尤其高。它不仅可以作为烹调作料，而且还是重要的药材。据说小豆蔻油对受了风寒的人有好处，肉豆蔻油可以治疗胃病。昂贵的香料如肉桂、丁香、生姜和胡椒，则成为财富和地位的象征：有钱人才买得起它们，穷人只能望而兴叹。

这些有钱人挣得的财富几乎都是从美洲掠夺或开采的金银财宝。玻利维亚[1]的安第斯山脉有一个矿脉，它是人类有史以来最大的银矿，一百多年来其白银的总产量占了全球的一半以上。被发现不久，大批黑奴从非洲运来，在美洲的殖民化和财富的扩张过程中，他们居功至伟。

从非洲和美洲受益的，并非只有欧洲。由于大量金钱的流入，亚洲也是一派欣欣向荣的景象。这些财富的涌入让统治者以前所未有的程度修建他们的主要城市，彰显权威，庆祝成就。亚洲中心的统治者巴布尔及其后裔创建包含了今天的印度和巴基斯坦大部的帝国，即人们熟知的莫卧儿帝国。在帝国建设的城市里，比如拉合尔、斋浦尔、阿格拉，金碧辉煌的宫殿处处可见，还有用来纪念已故爱人的泰姬陵。在这里，有钱人不怕买不起，就怕买不到。波斯的统治者阿巴斯一世也启动了一项伟大工程，旨在把伊斯法罕[2]改造成全球奇观，商铺、清真寺、澡堂和园林应有尽有。中国和奥斯曼帝国的统治者也从日渐频繁的全球交流中得益，文学、艺术和建筑开始蓬勃发展。

新的全球贸易模式创造了新的机遇。欧洲的雇佣军、航海家、商人和投机者再也不用担心没有发财致富的机会，因为他们很快发现可以利用贵金属在亚洲不同国家的价差，通过倒买倒卖迅速积累财富。很多人舔着嘴唇，垂涎于东方的财富。他们已经开始琢磨：欧洲人在美洲干过的那些勾当，能否在亚洲的土地上重演？

1　南美洲的一个内陆国家。

2　伊朗中部城市，居民中的绝大多数为波斯人。

贸易获利丰厚，但是相比征服所得，
不值一提。

第十章

西欧之路

随着葡萄牙和西班牙不断大肆掠夺，欧洲的权力中心从东转移到西。对这一转变感到痛苦的，莫过于英格兰人。这种对手一夜之间财富翻番、摇身一变的戏剧性故事，发生在谁的身上都令人难以接受，但这在冥冥之中似乎又是一种天意。此时的欧洲正因经历一系列宗教改革而动荡不安。最终，它分裂成了天主教（以教皇为首）和新教[1]两大阵营。葡萄牙和西班牙拥有信奉天主教的统治者；英格兰女王伊丽莎白一世则属于新教阵营，她在1570年被时任教皇的皮乌斯五世斥责为"罪恶的奴仆"，教皇还公开煽动她的臣民违抗其法令。

与罗马教廷的决裂，令本就被无数海外敌人虎视眈眈的英格兰雪上加霜，因此，做好随时迎接战争的准备显得尤为重要。为了保护英格兰海岸，人们耗费巨资发展舰队。仅仅二十年，可以装备更多、更大火炮的巨型战舰的数目增加了两倍。结果，英格兰的航海技术急速提升。1588年，当西班牙的无敌舰队逼近时，英格兰人并没有坐以待毙，而是准备好了击垮、超越和羞辱他们的对手。最

1　基督教的一派，16世纪欧洲宗教改革运动中脱离天主教而产生的各个新宗派的统称。与天主教、正教并称"基督教三大教派"。在中国，通常称为基督教或耶稣教。

终这场战役令西班牙人颜面尽失。

实践证明，英格兰为了海防所掌握的新技术非常管用。英格兰船长成为聪明的赏金猎人，尾随从美洲或亚洲返航的商船，对他们进行出其不意的袭击，最终满载他们的货物（比如香料、珍珠和织物）归乡。有时候，英格兰人甚至俘获了敌人的整支船队，拖回自己的港口。无论是音乐、艺术和文学的成就，还是莎士比亚的出现，都象征着英格兰的黄金时代已经来临。

英格兰人也在尽可能地广交朋友。伊丽莎白女王派出使者（信使）去到已经被奥斯曼帝国攻陷的君士坦丁堡，向他们的苏丹保证，论及宗教意识形态和对天主教徒的敌意，新教徒与奥斯曼穆斯林看法一致。女王还奉上了价值不菲的礼物，包括一台让苏丹着迷的管风琴，并和苏丹的母亲鸿雁传书，交流什么香水最好等话题。

女王还奉上了价值不菲的礼物，包括一台让苏丹着迷的管风琴……

使者和探险家也被派往莫斯科和波斯，为英格兰商人开辟市场。

与此同时，荷兰的新教徒也发现自己受制于西班牙人，后者执意要把霸权扩至全欧洲并粉碎一切反对势力。有报告曾分析了西班牙人对待美洲人的残暴行径，以及他们即将对付宗教观相左的欧洲人的计划。

荷兰人决定自力更生，不仅砸钱造船，而且制定了系统性方案，与外界加强联系，希望能有助于外界财力进入首都阿姆斯特丹。一个名为"荷兰东印度公司"的新型贸易商业体是成功的关键。它让投资者按照投资额比例集中资源，通力合作。这意味着一旦投资失败，大家需要共同承担风险；一旦投资成功，所有人都能受益。短短二十年间，荷兰共和国已然腾飞。

机会只留给有准备的人。在盯上了远东的香料群岛后，荷兰人仔细做功课，绘制了能显示港口、海湾和定居点的准确地图。他们还制作了以南亚和东南

伊丽莎白一世女王为她的国家与众多的远方国度建交

亚语言（比如泰米尔语、马来语和他加禄语）为基础的语法书和词汇本。

站稳脚跟的荷兰人逐渐把葡萄牙人排挤出去，不断扩大自己的势力范围，建立了从印度和锡兰（今斯里兰卡）到印尼的庞大网络。突然，人们发现他们几乎垄断了香料贸易。为了创立事业不惜大干苦干的工作原则是这些人成功的基石。

回报又快又明显。阿姆斯特丹变成了一个建筑大工地，运河两边到处都在盖仓库和豪宅。荷兰的艺术也随之蓬勃发展，弗兰斯·哈尔斯、伦勃朗和维米尔等画家创作了极具美感和新意的作品。随着欧洲北部城市越发繁荣，其人口也急剧上升。

欧洲人打造的帝国横跨好几个大洲。欧洲本身就是一个冲突不断的是非之地。在封建社会时期，欧洲就以强大的军事实力为荣，不断创新军事技术。放眼全球，当时欧洲武器最为先进，令中国人羡慕，令非洲人和美洲人害怕。

这就意味着，当英格兰人把目标对准亚洲和北美时，行动将变得非常容易——成功主要源自一支强大的海军队伍及其良性的运转：海员的提拔凭借其自身功绩；事无巨细地查找海上交战失利的原因，还一再强调从错误中吸取教训的重要性。英格兰人对战事的精心选择也很关键，代价过于高昂、结果难以估摸的战争他们一般不打。

与东方的长途贸易，令阿姆斯特丹迅速腾飞

英格兰没有多少陆地边界，所以没有必要维持一支庞大的陆军——这意味着他们的军事开支比欧陆其他对手低了很多。

英格兰为建设贸易网络所作的努力一开始并没有获得什么成效，直到1700年左右，才有了转机。1707年，英格兰和苏格兰达成共识，联合成为大不列颠王国[1]。他们依照荷兰模式打造的不列颠东印度公司（通称"英国东印度公司"），让一些内部官员发了大财，羡煞全亚洲。经常有人酸他们为"白手起家的百万富翁"，语气饱含着羡慕嫉妒恨。

英国东印度公司做生意的手段实在不值得骄傲。很多官员像暴徒一样行事：以尽可能高的利息放债，干涉当地事务，谁给的钱多给谁办事。不过，在这样一个处处繁荣的地方，不占便宜简直是对不起自己。莫卧儿的统治者热衷于每逢生日用宝石、贵金属等贵重物品给自己称重。难怪，想让统治者们节食难如登天——他吃得越多，收到的宝物就越多。

英国东印度公司最臭名远扬的劣迹发生在1757年，当时印度的加尔各答正受到孟加拉国的攻击，该公司的一名雇员罗伯特·克莱武便率领远征军赶去救援。很快，克莱武便得到了一大笔钱，这是用于支持当地希望掌权的竞争者的资

1　曾为英国历史上的正式国名，包括大不列颠岛及其附属岛屿，存在于1707—1801年。

金。接着，他又很快拿下了征收当地赋税的权力，而那里又是亚洲人口最稠密、经济最发达的地区之一，还是纺织业重镇，英国从东方进口的纺织品超过一半来自那里。所以几乎一夜之间，克莱武成了全世界最有钱的人之一。

很多人在大西洋那头看着，心怀恐惧……

十年间，英国东印度公司的官员从孟加拉攫取了上百亿英镑的财物。这还不是最糟的。贪婪和管理不善，再加上连续几年的歉收，导致孟加拉爆发饥荒，有三分之一的人口被饿死。个别欧洲人却不顾孟加拉人的恶劣状况，只想自己捞油水，这引发了众人的愤怒。但克莱武辩称自己不应该受到谴责，他对议会[1]说，毕竟他的职责是保护和服务股东，而不是当地人。

英国人在北美建立了13个殖民地，很多人在大西洋那头看着，心怀恐惧，开始担心他们可能遭受类似的厄运——如果英国人可以如此虐待地球一头的老百姓，又怎会轻易放过地球另一头的他们？当伦敦政府决定加征北美殖民地的税收时，所有人群起而攻之。鼓动者质问："我们连议会代表都没有，凭什么纳税？"（当时英国政府不允许这些殖民地派代表参与政治决策。）于是，基于愤怒，他们开始行动了。指控东印度公司只会"暴虐、掠夺、压迫和杀戮"的传单满天飞。运载茶叶的商船在波士顿港停泊时，其货物都被倒入海里。这些心怀不满的殖民地商人宁肯让茶叶沉到海底，也不愿意向伦敦纳税。此事件开启了一场革命——导致美国最终在1776年7月4日宣告独立进行革命。

损失北美13个殖民地让英国人大失颜面，他们越来越意识到保住领地的重要性。而能否保住在亚洲的地位成为他们的焦点。美国可以丢了，印度呢？绝对不允许。

---

1 为了对占领孟加拉的后续成果进行评估，1773年英国成立了下议院特别委员会。

第十一章

冲突之路

❋

变革似乎一触即发。不仅刚刚独立不久的北美如此，澳大利亚也在蠢蠢欲动，毕竟在 17 世纪晚期，他们受欧洲殖民者的冲击也很大，尤其是当地土著，甚至被夺走了祖先的土地。南美洲国家（比如阿根廷、智利和巴西）的独立呼声越来越高，其他国家也在努力挣脱西班牙和葡萄牙的统治。而在南非，祖鲁族[1]人的领袖沙卡与一些部落首领达成协议，联手赶跑了另一些部落以创建一个强大的新帝国。1789 年，法国大革命爆发，在这之后国王被斩首示众，很多人担心法国的邻国也会被革命之火引爆。

然而，有些人以为自己可以阻止变革，这简直是螳臂当车。中国的乾隆皇帝曾直言不讳地告诉一位英国使臣，自己对中英贸易毫无兴趣。"天朝物产丰盈，无所不有，"他轻蔑地说，"原不藉外夷货物以通有无。"实际上，双方后来还是签订了条约，英国人可以在中国经商。但中国人始终心存疑虑，果不其然，很快，英国人不仅强力上位，而且贩运了大量鸦片到中国，很多瘾君子变得人不像人，鬼不像鬼。

位居世界中枢的波斯，其遭遇与中国有些相似。在法国领袖拿破仑·波拿巴

1　南非的主体民族。

的率领下，一个新法国从革命的烈火中冉冉升起，他们向波斯派遣了一个使团，试图动摇英国在东方的地位。于是，从18世纪初开始，伦敦政府费尽心机讨好波斯统治者，送给他昂贵的礼物，并提供军事援助。

1812年，拿破仑入侵俄罗斯，英国人竟然与波斯人翻脸，反而与俄罗斯人——波斯人的心头大患交好。更糟的是，英国还支持俄罗斯对波斯的攻击，甚至帮忙拟了一份"和平协议"，把波斯国王的大片领土划归俄罗斯。波斯大使告诉英国外交大臣卡斯特雷格勋爵："你们的行径简直不知羞耻。你们给了波斯坚定的承诺，波斯人对你们一再确保的深情厚谊尤为倚重。然而，你们却损害了自己的名誉。"英国人的当务之急，乃是击败拿破仑，为了这个目的他们不得不牺牲与波斯的关系。最终，在1815年的滑铁卢战役上，他们实现了这一愿望。

拿破仑·波拿巴

讽刺的是，虽然法国的威胁在拿破仑死后得到了解除，但俄罗斯却成了英国新的威胁。随着野心的日益膨胀，沙皇控制的领土越来越多。但直到19世纪30年代，伦敦才警钟骤鸣，因为此时俄罗斯的扩张步伐已经逼近，眼下再不行动，恐难以自保。

英国向中亚派出间谍，试图获得当地埃米尔[1]和军阀的支持，以抑制俄罗斯的侵略，但是却行不通。这些英国间谍在中亚饱受怀疑，有的被逮捕，在众目睽睽之下被处死；还有的像亚历山大·伯恩斯一样，由于试图干涉当地内政，被愤怒的暴民在街头处以私刑。在阿富汗的权力斗争中，动用军事力量的做法也显得尤为糟糕。1842年，大批英军从阿富汗撤退时，在山口处受到了伏击，据说只

1　伊斯兰国家统治者、王公、军事长官的称号。

有一人生还。这是英国军事史上最丢人的战役之一。

不过，在伟大的维多利亚女王统治期间，英国人好好修理俄罗斯人一番的机会貌似来了。1853年，以基督徒在奥斯曼帝国的遭遇为由头，双方爆发了一系列冲突，英国人抓住口实，派兵进入位于黑海的克里米亚半岛。用很快便出任英国首相的帕麦斯顿勋爵的话说就是："目的在于遏制俄罗斯的扩张野心。"另外，在一次冲锋行动中，673名英国轻骑兵在卡迪根伯爵的命令下，错误地发动了正面进攻，冲向守在山谷高地的俄军炮兵，最终全军覆没。好在这场惨剧对整个战局并没有什么影响，最终俄罗斯被迫求和。

和平条约附带的条件对俄罗斯人来说可谓灾难深重。为了羞辱沙皇，英国夺走了俄罗斯在高加索的大片领土；同时，俄罗斯的陆军和海军也被禁止在黑海出海。后者影响尤其大，因为俄罗斯南部盛产的小麦只有通过黑海的港口，才可以常年不断地出口到世界各地（大部分俄罗斯港口冬季冰封）。

然而，英国人想要扼制俄罗斯的企图并未得逞。俄军拙劣的战争表现让沙皇大受刺激，于是下令对军队进行全面改革：提高士兵的训练水平，降低他们的平均年龄，对军事装备进行更加现代化的改造。他还废除了农奴制度——一种与奴隶制类似，把大量人口与富裕地主的土地死死捆绑在一起的制度。

社会改革揭开了俄罗斯惊人发展的序幕，它的势力开始涌向中亚，极大地扩张了帝国的版图。就像某位俄罗斯首领说的那样，这些新土地不仅"富有黄金、木材和毛皮，更是适合农耕的广阔天地"。在交通方面，从东方太平洋海岸的符拉迪沃斯托克（中文名为海参崴）到西方的北海，从北方的北极到南方的里海，也都有铁路相连。

维多利亚女王

轻骑兵冲锋队可谓有史以来最有名也最鲁莽的军事组织。一系列错误决定导致英国骑兵正面冲向俄军的炮火

后来，为了平衡收支，1867 年，俄罗斯决定把阿拉斯加卖给美国。

俄罗斯的扩张让英国人大为紧张，无休止的间谍活动、军队调动的传闻更加剧了这种紧张氛围——尽管大多数传闻都是子虚乌有。有人言之凿凿，俄罗斯攻击印度只是时间早晚而已；也有人故作镇定，认为沙皇的心腹使者和官员没有如此雄心壮志，只是想趁机捞一把而已。

有人言之凿凿，俄罗斯攻击印度只是时间早晚而已……

英国人需要担心的远远不只是印度，他们更急于保住自己在中国领先的贸易地位。毕竟在中国，英国商船承载了 80% 以上的货物运输量，英国公司支付了五分之四的关税。

当然，英国人还要小心翼翼地维护好与波斯的关系，以获取波斯统治者的欢心，包括授予他们嘉德勋章（英国骑士的最高勋章），甚至大量借钱给他们，供他们继续骄奢淫逸。

英国人对波斯的关切，一方面是想控制波斯湾和往来其间的东西方贸易，另一方面波斯还是通向南亚及印度的关口。俄罗斯为与波斯重归于好所作的努力，英国人看在眼里急在心里。而在20世纪初发生的新变化，更是让波斯的地位得到了进一步提升：英国人的勘探公司在这里发现了石油。

一个年纪轻轻但野心勃勃的英国下议院议员就非常清楚波斯的重要性。他在 1913 年告诉议会："如果我们得不到石油，就得不到谷物，得不到棉花，以及其他成千上万种商品。"他催促政府买下石油公司——也就是后来的 BP（英波石油公司）——的控制权。唯有如此，英国的未来方可高枕无忧。这个名叫温斯顿·丘吉尔的年轻人不知道，世界正在滑向战争的深渊。不过他的建议令英国做好了准备——多亏了深埋在波斯土地下的财富。

第十二章

战争之路

2 0世纪初的人类世界似乎乱作一团。起义和叛乱在非洲南部和中国此起彼伏，不免让英国人担心自己成了全球公敌，毕竟只要是有人烟的大陆，就有他们的帝国势力。而在亚洲被俄罗斯人蚕食鲸吞后，英国原先在印度、波斯等地设立的缓冲区开始变得"薄如蝉翼"——引用一位高级外交官的说法。

可是有人不这么想。时任英国外交大臣的爱德华·格雷爵士认为，不可能在亚洲防卫所有的边界。这费用太大，也太难了；相反，与俄罗斯结盟，以和平商讨的方式解决双方的利益攸关之处似乎更为可行。

和平的方式可以奏效或许不无理由。19世纪中期，欧洲很大一部分区域在杰出战略家奥托·冯·俾斯麦所主导的一系列征战下得以统一。德国内部的很多邦国统一成了一个政治实体，以普鲁士国王为首（普鲁士也是德国邦国之一，由今波兰、德国和俄罗斯的一部分组成）。1870年普法战争爆发，巴黎陷入围困。在此期间，一个新的德意志帝国宣布成立，获胜的普鲁士国王威廉一世成功登基，成为统一后德意志帝国的皇帝。

奥托·冯·俾斯麦

与俄罗斯相仿，德国也在 19 世纪末经历了重大变革。在 1890 年后的二十年里，德国的煤炭产量翻了一倍，钢铁产量增加了三倍，由此成为统治欧洲中心的超级经济大国。与强大德国的战事令法国的军费开支急剧增加，法国外交官在绝望之下，不得不倡议与他国结盟，以防将来再受攻击。1904 年，《英法协约》（又名《挚诚协定》）签署，1907 年《三国协约》（法国、英国和俄罗斯）签署，德国被团团围住。

德国的煤炭产量翻了一倍，钢铁产量增加了三倍，由此成为统治欧洲中心的超级经济大国。

格雷爵士认为，英国与俄罗斯的结盟至关重要，唯有如此，方可将印度从"恐惧和压力"中解放出来，同时阻止沙皇染指"对我们而言十分危险的波斯地区"。这当然要付出代价。一个英国高官写道，与法国和俄罗斯交好，尤其是俄罗斯，比与德国搞好关系"更加重要"，哪怕为此与柏林撕破脸也在所不惜。俄罗斯人注意到英国人如此迫不及待地取悦自己，猜测其势必会做出一些重要让步。

但是直到 1914 年，英国"啥也没给"。格雷爵士和他的顾问开始害怕俄罗斯和德国会转而结盟。随着这一流言越传越广，英国人的焦虑越发严重，他们不清楚德国人到底在打什么算盘。"德国除了让我们流血，不会给我们任何好处，"一个英国高级外交官写道，"它既虚伪又贪婪，是我们真正的敌人，不论在商业上，还是政治上。"

但并非所有人都这么想，尤其是德国人，法国与俄罗斯的结盟导致他们产生了会被两面夹击的妄想症。军费开支剧增，特别是海军在军备竞赛中修建了大量战舰，这让一直以来都是海上霸主的伦敦观察家们非常不安。欧洲的形势越发紧张。小摩擦源源不断，战争一触即发；但也有几个地方，比如巴尔干半岛、摩洛哥和

英国和德国卷入一场军备竞赛，争相建造越来越多、越来越好的军舰

很多人以为战争转瞬即逝，但随着战斗转入堑壕战，形势日益恶化。一拨又一拨向前挺进的士兵，如被镰刀收割

利比亚，一度化险为夷。这让一些人产生了一切都安然无恙的幻觉。"如此风平浪静，我从未见过。"1914年初夏，作为英国主要外交官之一的亚瑟·尼科尔森说。

仅仅过了几周，奥匈帝国[1]皇储弗朗茨·斐迪南大公，在萨拉热窝被塞尔维亚民族主义者普林西普刺杀身亡。没有人会想到欧洲国家会因此走向战争——而且是拉着全世界一起。然而在随后的日子里，军队时时刻刻严阵以待。千千万万人吞下了致命的苦果。

俄罗斯士兵已经受命前往奥匈帝国的边境集结，德军最高司令部称，面对这一紧张形势，德国不能再坐视不管了。于是他们启动了入侵法国的战争计划，旨在速战速决，以腾出大量时间来对付俄罗斯。等到格雷爵士意识到"全欧洲的灯火都已熄灭"时，为时已晚。英国现在处在一个左右为难的境地，虽然它打心眼儿里不想打仗，但它的虚张声势太过张扬。派驻国外的英国大使纷纷警告伦敦，如果英国迁就俄罗斯，"我们作为帝国的地位将岌岌可危"。

千千万万人吞下了致命的苦果。

于是在1914年夏天，第一次世界大战爆发了。没有人预料得到战争会持续四年，并导致数百万人死亡，更多人受伤。那些将军统帅此前参与过或听闻过的战争大都短暂迅速；堑壕战[2]之恐怖，佛兰德斯和索姆河杀戮场[3]之惨状，大大超出了他们的想象。

当和平终于在1918年到来时，欧洲早已支离破碎。战争爆发前，许多欧洲国家（甚至比利时这样的小国家）都是拥有海外殖民地的帝国。战争结束后，帝

1　由"奥地利帝国"和"匈牙利王国"两个主权国合并而成。

2　利用低于地面的战壕进行作战。一战中，西线战场的堑壕战造成了最多的伤亡。

3　在佛兰德斯，德军同英法协约国开展了为期三年多的可怕的阵地战。索姆河战役是一战中规模最大的会战。

一般而言，军官一声哨响，士兵就要跃出战壕——经常是迎着正对他们的枪炮

国的时代一去不返。大多数君主，不是被赶下王位，就是像沙皇一样惨遭毒手（沙皇与老婆、儿子和四个女儿在叶卡捷琳堡的阴暗地窖遇害）。革命之火随处可见，俄罗斯尤甚。曾经的帝国华丽转身，变成了共产主义的苏联。

也有人在战争中意外受益。战前，已有人在呼吁女性的投票权问题。在英国，这种呼声更高，埃米琳·潘克赫斯特就是这样一位女权斗士。为了拥有与男性平等的投票权，这些女性做好了绝食抗议的准备，甚至不惜为此入狱。孰料竟是战争促进了男女平权，一个个欧洲国家，以及美国和原俄罗斯帝国的很多地区都在战后赋予了女性投票权。

埃米琳·潘克赫斯特

但是巨大的经济损失已难以挽回。英国最终宣告破产。四年前，它是全世界最富有的国家，转眼却负债最多。战争不仅致命，也是昂贵、破坏和毁灭的代名词。为了重新填充国库，英国和法国都想找一个对象替自己买单——于是矛头指向了德国。1918 年 11 月 11 日停战后，各国进行了和平谈判，这期间签署的《凡尔赛和约》主张战争错在德国，德国不仅要"承担责任"，还要向英国和法国支付巨额的战争赔款。

德国人因无力偿还这笔巨额赔款，领土惨遭众国瓜分，奥匈帝国解体。这让德国人产生了强烈的不公正感。20 世纪 20—30 年代，愤怒的德国政客鼓吹重建一个新德国，以报复那些必须为此负责的国家。一战的善后安排不经意间为阿道夫·希特勒和纳粹的崛起铺设了背景，此后发生的事情出乎所有人的意料。

第十三章

灾难之路

❋

战的战前、战中、战后不仅对欧洲影响深远，对中东也产生了不小的影响，因为它的石油在战争中发挥了重要作用。一战刚开始，英国及其盟友就在商议如何瓜分奥斯曼帝国。英国盯上了波斯湾和美索不达米亚的石油。"我不关心什么制度，"英国外交大臣亚瑟·贝尔福说，"只要我们能得到石油。这对我们至关重要。"于是英国军队侵入了中东，占领了巴士拉和巴格达，后来还在石油资源丰富的高加索一带活跃，维护中东地区的安全变得至关重要。

最终，英国和法国就如何瓜分中东签署了《赛克斯－皮科协定》，英国后来还修补了该协定，把摩苏尔及其石油纳入囊中。耶路撒冷和巴勒斯坦地区[1]的重要性也获得认证，因为它们紧挨着苏伊士运河——依赖这条水道，欧洲和亚洲可以实现直航，不用再绕过非洲。用一位德国政治家的话说就是，苏伊士运河可谓"大英帝国的脊髓，将脊椎和大脑连接起来"。

---

1 巴勒斯坦地区因历史上的各种复杂纠葛，使得犹太人和阿拉伯人皆认为该地区是其固有领土，并不惜为此诉诸武力。现今在政治上主要分为以色列和巴勒斯坦两个国家，前者为犹太人所建立，后者为阿拉伯人所建立。

巴勒斯坦地区的重要性还在于：因其卓越的地理位置，石油管道不用再绕过波斯湾，可以直接从这里通过。而且它还有一座深水良港的城市海法[1]，可以装卸油轮。它的重要性也解释了为何在1917年夏，托马斯·爱德华·劳伦斯[2]赶在英军占领耶路撒冷（时任英国首相称其为"送给英国人民的完美圣诞礼物"）之前，与阿拉伯盟友穿越沙漠，夺取了亚喀巴[3]。

巴勒斯坦还解决了一个长期困扰很多英国人的问题。当时，越来越多的犹太人移民英国，尤其是从俄罗斯来的犹太人——他们在那里受到了非人待遇甚至暴力迫害——引起了英国国内的重视。有人主张在东非给犹太人一块土地，鼓励他们在那里定居，而不是跑到英国来。1917年，人们的想法改变了，一封泄露给媒体的政府信件称，英国政府赞成在巴勒斯坦建立一个国家，作为"犹太人的民族家园"。这个"民族家园"就是后来成立的以色列。

战后中东格局的重塑，影响延续至今。新国家纷纷成立，但对领土的划分无视历史、地理因素和居民的意愿，只以英法国家的利益为标准，他们的利益高于一切。就英国的情形而论，利益的实现依靠的就是石油。接下来，关键的就是选拔各地统治者，不过谁被选中似乎并不重要，只要他愿意合作，不惹麻烦就行。一个英国外交官说："至于我们是从巴格达选三个大胖子，还是三个胡子最长的人，作为阿拉伯统治者的象征，真的没有关系。只要他们还需要英国的支持或乐于接受贿赂，谁上都可以。"

1　今属以色列，是其第三大城市。

2　一位英国军官，因在1916—1918年的阿拉伯起义中作为英国联络官而出名，也称"阿拉伯的劳伦斯"。

3　今约旦唯一的海港。

在俄罗斯，列宁以"和平、面包、土地"为口号，描绘了共产主义的新愿景

1917年，列宁及其同志革命夺权。之后，内战爆发，一个新的社会主义国家——苏联诞生

战后中东格局的重塑，影响延续至今。

虽然新国家表面上被安排了新的统治者，比如伊拉克，但英国人仍然有权掌管其外交和国防，甚至可以干涉其法律和经济。波斯的情形也是如此。对此，当地人难免发出抱怨的声音：为什么要让外国人来指手画脚，尤其是那些从石油产业获利丰厚的外国人？另外，对石油产业利益分配不公的抱怨也一直此起彼伏，且迟迟得不到回应。20世纪30年代初，当地人终于主动将石油产业国有化，并踢掉了英国的经营者，同时也达成了新协议，旨在比以前更公平地分配利润。

钱，不是他们唯一关切的东西，毕竟，在变幻莫测的世界里，自由、民族认同、民主平等等观念一样重要。很多被欧洲殖民的民族，比如印度，开始声张自治的意愿和权利。虽然伊拉克和波斯不算严格意义上的殖民地，但他们的人民也觉得自

治更好，越早摆脱英国的控制越好。他们越来越相信，独立总有一天会到来，但就像一位伊拉克政治家对一位英国高官说的那样，独立"绝非恩赐，只可夺取"。

20 世纪 20—30 年代可谓风云激荡。一战尚未结束，俄罗斯就爆发了革命。列宁和布尔什维克夺权后，稳步控制了幅员广阔的疆土。然而，战争造成了数百万人死亡。

德国也在一战后经历了剧变。军事的失利和耻辱的和平协议压垮了这个国家，但也为那些想要重新恢复德国的荣光，领导德国迈向辉煌的激进分子提供了绝佳平台。正如阿道夫·希特勒希望的那样，重建和复兴在这片沃土上生根发芽，很多人甘愿对纳粹党徒邪恶的反犹太主义和极端主义视而不见。

按理说，德国和苏联本该是对立的两端，是天生死敌。但是 1939 年，希特勒和斯大林暗中交易，达成了瓜分波兰和波罗的海沿岸的协议，令全世界惊诧不已。不仅如此，德国还得到斯大林的明确承诺，即向德国供应紧缺的原材料和物资，比如石油、铁和小麦。希特勒得意坏了，称这是德国重返世界民族之林应有地位的大好时机，他告诉手下将军，绝不能心慈手软，"收起你们的妇人之仁，尽情地残忍无情吧。唯有如此，德国才可以再度强大"。

第十四章

炼狱之路

1939 年 9 月 1 日，德国军队越过国境，涌进波兰。波兰军队的英勇完全不足以抵御入侵者。虽然法国和英国都在此之后对德宣战，但并没有采取实质性的军事打击。英国的飞机确实飞到德国上空，但往下扔的只是一些传单，希望以此对德国的士气"造成打击"。这些动作也因此被称作"假战争"。

与此同时，中亚也陷入恐慌，英国外交官担心苏联军队可能会随时南下攻打印度。他们还担心苏联或德国，甚至双雄联手，对伊朗和伊拉克动武，拿下原先被英国霸占的石油利益。果然没过多久，类似计划就在制订当中了。德国人尽可能地开出诱人承诺，试图赢得当地统治者支持，煽动他们对英国起义。一个德国高官告诉阿富汗国王，如果他愿意支持对英国起义，印度西北部的大片领土和巴基斯坦最大的港口卡拉奇港都可以送给他。

虽然此类计划未能奏效，但希特勒在伊斯兰世界受欢迎的程度还是相当令人吃惊的，这部分缘于他残暴的反犹太主义。要知道，在伊斯兰世界里，很多人都反对犹太教，比如耶路撒冷的大穆夫提（伊斯兰教教法说明官，宗教领袖）就把犹太人称作"渣滓和病菌"。

瑞典

东普鲁士

波兰

克斯洛伐克

1939年，希特勒和斯大林达成交易，德国得以入侵波兰，后来又占领了比利时、荷兰和法国

希特勒的另一个理念也令他备受推崇，即希特勒相信德国存在着血统纯正的古"雅利安人"种族和他们的后裔（换言之，纳粹党人），他坚信这将使辉煌、神圣的黄金时代回归。这引起了波斯的兴趣，波斯国王决定改国名为"伊朗"[1]，由此把波斯人与古老的"雅利安人"联系起来，因为雅利安人在梵文和印度－雅利安语支里广为人知，而且确实曾经在该地区生活过。在伊拉克，随着阿拉伯复兴社会党的创立，恢复昔日荣光的想法又被重拾了起来。"我们有很多相似之处，"希特勒对一个沙特阿拉伯公使说，"我们从未想过占领阿拉伯人的土地，我们有共同的敌人，而且我们都反对犹太人。除非最后一个犹太人被赶出德国，否则我不会安息。"

迅速拿下波兰后，德国开始进犯比利时和荷兰，然后是法国——它崩溃的速度令人咋舌，仅支撑了一个多月就宣告投降。至此，希特勒成为欧洲大陆的主人。英国则独力对抗德国，并且在不列颠空战[2]中奋勇抗击了纳粹空军。可是到1940年底，纳粹德国更野心勃勃的计划也浮出了水面。

早在二战爆发前，希特勒就表明了自己十分中意俄罗斯南部和乌克兰的良田沃野。"如果德国可以拿下这些地方，"他说，"没有人能让我们再挨饿，就像上次战争那样。"不过，德国在欧洲处处告捷的军事胜利也伴随着代价：很多男性被征召入伍，德国农业的负担加重。食物短缺，纳粹高层难免紧张。如果连饭都吃不饱，那战争还有什么好处？

1　伊朗（Iran）就是雅利安（Aryan）的另一种拼写。

2　第二次世界大战期间，1940年至1941年，纳粹德国对英国发动的大规模空战。

CCCP

俄罗斯南部和乌克兰以良田沃野著称于世

答案显而易见。"东部的辽阔田地摇摆着金色的麦穗，"希特勒最重要的拥趸之一约瑟夫·戈培尔如此描绘，"足够滋养我们的人民和整个欧洲，甚至还能有余。"这番话表明，只要拿下苏联，德国就可以控制其资源。对此，希特勒兴奋难抑，对他的军官们大呼："这将是我们的伊甸园。"

　　以是否拥有德国想要的资源为标准，一个把苏联一分为二（"富余区"和"不足区"）的计划迅速出炉。计划列出了军事行动的可能后果：苏联数百万人"无疑将会饿死"，但任何想要阻止这一切发生的人更将"会承受断粮的代价"。希特勒曾对他的将军们说，1941 年 6 月开始的对苏作战将会是一场"灭绝之战"。

　　德军越过边境，以惊人的速度挺进。9 月，基辅[1] 陷落；12 月，先头部队抵达莫斯科郊区。从战争结果来看，希特勒似乎赌对了。然而，军事的胜利还是没能成功掩盖后勤补给的问题。将大批兵员、装备和食物运到前线并非易事，而且德军也在进军的过程中遇到了顽强抵抗，尤其是在斯大林格勒[2]。

　　进军苏联遇阻的同时，德军在其他地方的战况也落后于原定计划，从北非推进到中东的美梦迟迟未能实现。由于担心亲德情绪在中东发酵，英国顺势占领了巴格达和德黑兰[3]，伊朗国王被迫让位给自己的儿子。通过伊朗这一重要通道，英国和美国源源不断地向抗击德军的苏联提供武器和装备。

　　德军的前线战事日益吃紧。此外还有一些其他问题。入侵苏联后的几周之内，德国就发现他们掠夺的小麦和稻谷远远达不到原先预计的数量。这意味着德国的食物供给量开始下滑，甚至到了人民大规模挨饿的地步。为了扭转困局，德军下令削减战俘的食物供应，甚至提出了更多激进的解决方案，比如用毒气毒死战俘，以节约口粮。

1　今乌克兰首都。

2　苏联南部城市，今伏尔加格勒。

3　伊朗首都。

丘吉尔、罗斯福和斯大林多次会面，商讨制敌之策以及战后安排

战争爆发后，阿道夫·艾希曼这样的德国高级军官开始想尽办法用工业化手段谋杀从全欧洲围捕而来的犹太人。妇女、儿童以及其他没有足够劳动力、无法胜任苦役的人最先遇害。数百万犹太人罹难，堪称人类历史上最罪孽深重的种族灭绝。希伯来语称之为 Shoah，英语称之为 Holocaust，意为"犹太大屠杀"。

1945 年，英国、美国和苏联同盟终于击败了德国，盟军包围柏林，希特勒吹嘘将持续千年的"第三帝国"土崩瓦解。实际上，它只维持了十二年。日本也被战争击垮。它与德国一起，在东亚、南亚以及太平洋打了一系列恶战，生灵涂炭。当美国动用在新墨西哥州洛斯阿拉莫斯实验室研发的新式武器轰炸广岛和长崎时，日本的战争之路也终于走到了尽头。原子弹的威力难以尽述，二战之后，每当说起这场核战争，战略家无不畏之如虎，称其为人类的终结。

盟军在柏林的废墟上欢庆战争结束时，英国首相丘吉尔、美国总统罗斯福和苏联领导人斯大林已多次会晤，商议如何处置希特勒倒台后的烂摊子。三巨头决定了成百上千万人的命运，一旦处理得稍显"轻率"，就会面临遭人指责的风险，因此丘吉尔甚至提出了烧毁会议记录的建议。

二战结束不到一年，就有人在谈论新的对抗——这一次是苏联和西方国家的对抗。一个接一个的国家加入社会主义阵营，"铁幕"[1] 几乎横跨全欧洲。有人

1　西方国家对社会主义国家的蔑称。

对未来充满悲观，比如派驻莫斯科的美国外交官乔治·凯南，在他看来，斯大林对邻国及其他国家的侵害，无异于"打响了第三次世界大战"。

希特勒被击败了，20 世纪下半叶的故事集中在美国和苏联的对抗里。论及强势和野心，这两个国家无人能及，以至于被冠以"超级大国"的头衔。虽然美国和苏联互相较劲的方式层出不穷，但此后 45 年间，他们对抗的地点几乎都在同一片空间——这条丝绸之路上。

20 世纪下半叶的故事，主要是两个
"超级大国"的对抗。

第十五章

受难之路

战期间，各国政府高层就已经打起了中东石油的主意。美国政府的一份报告声称，中东石油乃是"有史以来最大的馈赠"。英美的幕后谈判达成了一系列交易，但他们很快感受到压力，因为当地的统治者开始按捺不住抗议的拳头，要求更大的利益分成。

这一情形令正在土崩瓦解的英国帝国很担忧。1947年英国作出了一个欠周详的决定，那就是撤出南亚。之后不久，印度就分裂成了印度和巴基斯坦两个新国家，紧接着穆斯林和印度教徒在两国间的迁徙引发了大屠杀，数百万人丧命。英国在非洲的殖民地也在争取独立，那里的人民希望掌控自己的命运。再加上二战损失了大量的人力和金钱，"英国濒临破产，"美国国务卿迪安·艾奇逊预言，"没了石油收入，英国势必崩溃。"

之后，伊朗大政治家穆罕默德·摩萨台提议石油产业国有化，拒绝与英国交易——如果有必要，甚至不惜"用泥巴把油井全部封起来"，英国的形势岌岌可危。在1951年摩萨台当选伊朗首相后，英国便下定决心采取行动。他们与美国情报部门接触，此时的美国正忙于废黜他们认为不可靠或无助益的外国领

导人，于是英国便想要以同样的方式除掉摩萨台，不料行动出了大纰漏。伊朗国王事先就已被告知了行动方案，吓得他逃到了国外——甚至都来不及穿袜子。最终，摩萨台被逮捕，伊朗国王则以胜利者的姿态回国，向人民承诺他才是救世主。当地人反英情绪越来越强烈。"这一点也不奇怪，"当时的一位外交官说，"人们恨透了英国人。"伊朗人受够了被推来搡去，按照外人的意愿行事，尤其是那些为了维护他们自身的利益不惜一切代价的外人。

不仅伊朗人如此。从埃及到叙利亚，从伊拉克到阿富汗，英国和美国一直扮演着自私自利的角色，并使用一切手段打击拦路虎。此外，这些西方世界的入侵者还习惯于扶持一些不受欢迎，甚至令人讨厌的人成为当地统治者——他们大多独裁专制，只顾裙带关系，令当地社会越来越不平等，一小撮有钱人骄奢淫逸，社会底层则一无所有。

这不仅有损公正，而且非常愚蠢。想要谋权篡位的人只要指出在位统治者的明显问题，就能赢得大多数人的支持。然而，面对这种情况，主事的英国和美国则完全置身事外。在某种程度上，分配失衡会使得社会陷入极其糟糕的局面，但确实很难找到解决办法。比如1950年，伊朗的阿巴丹城拥有着当时全世界最大的炼油厂，任何一条街道都像伦敦一样灯火通明，但学校却少得出奇，只有10%的小孩可以上学读书。

20世纪50年代中期，独立自主的浪潮风起云涌。1956年在埃及，纳赛尔将军（后成为埃及总统）控制了苏伊士运河，直面外国干涉；两年后，伊拉克军方也发起了一场血腥的政变夺权。苏联人则告诉美国总统肯尼迪，丝绸之路沿线的国家将会像熟透的果子一样落入苏联的掌心。这刺激美国不惜一切代价支持他

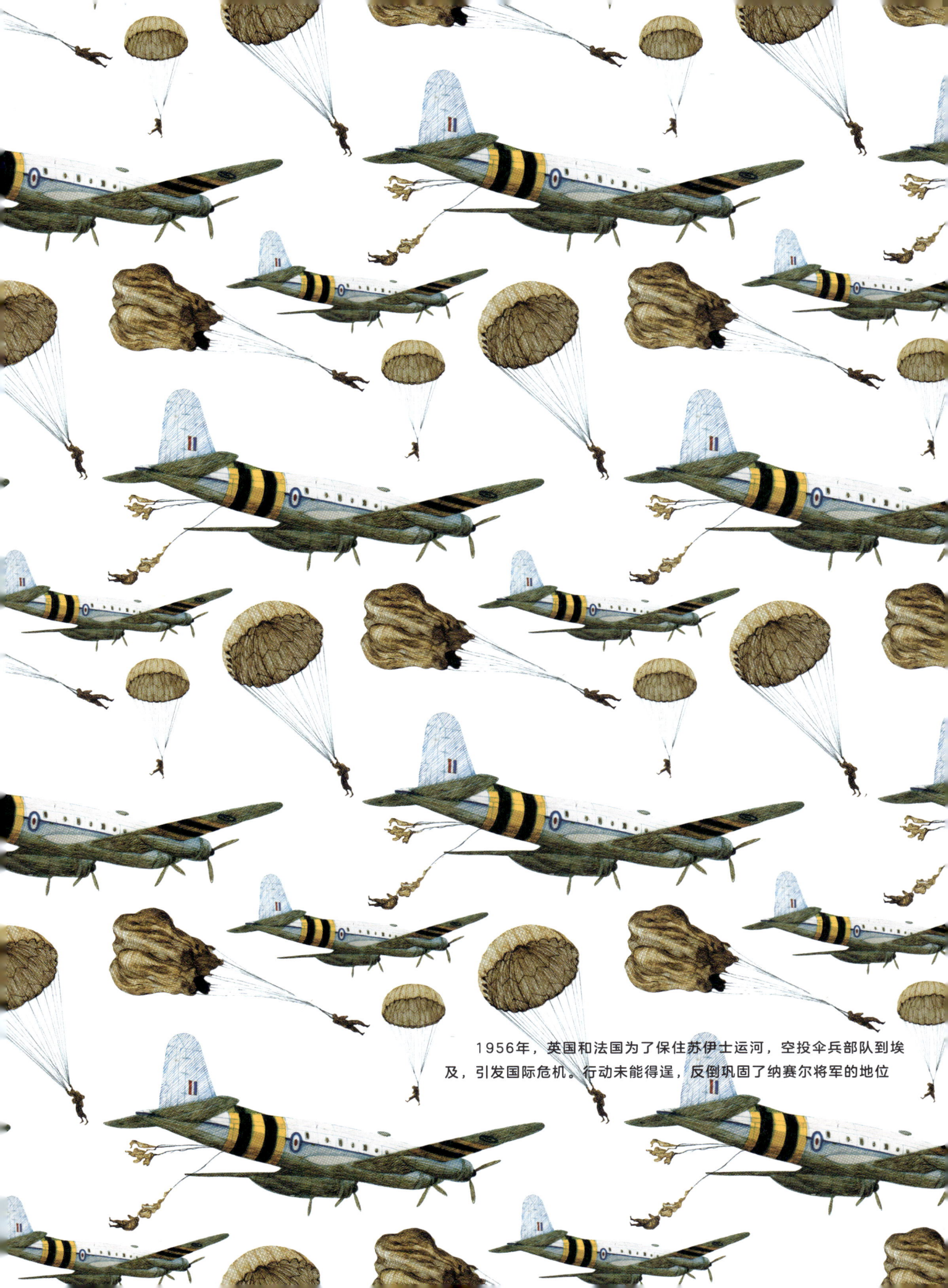

1956年，英国和法国为了保住苏伊士运河，空投伞兵部队到埃及，引发国际危机。行动未能得逞，反倒巩固了纳赛尔将军的地位

们的盟友——将武器、战机、金钱源源不断地输送给伊朗、巴基斯坦等国家的领导人，以获取他们的支持。

财富流入少数人手里，造成社会不公，民怨沸腾——糟糕的是，这也损害了西方世界的信誉，似乎他们只热衷于扶持独裁者，而独裁者又只热衷于营私自肥。这让有经验的批评者们纷纷攻讦，比如伊朗的阿亚图拉[1]霍梅尼，他就称伊朗国王是"卑鄙的无耻之徒"，号召伊朗人群起而推翻之。

国际局势无比紧张，美国和苏联的军事、经济和政治对抗险些再生战端。双方都在发展核武器，这意味着任何冲突都可能酿成全球浩劫。双方设下的赌注已经高得不能再高，两边都想在声势和科技成就上压倒对手，比如首次送人上太空或登月。

让很多人觉得讽刺的是，在海外以自由斗士自居的美国（如同美国国歌唱的那样："自由的国土，勇士的家园。"），其国内南部几个州，不仅对黑人存在种族偏见，甚至还有合法且充满歧视的种族隔离制度。20世纪五六十年代，马丁·路德·金[2]领导的民权运动风起云涌，为所有美国人（不论种族、肤色）主张平等权利，最终促使了新法律出台。

几乎同时，由于几次大危机的爆发，比如以色列与阿拉伯邻国的六日战争、斋月战争等，油价越涨越高，中东国家的石油收入急剧飙升。军费开支也因此大增，仅以伊朗为例，它在1963年的军费开支是2.93亿美元，十五年

1　伊斯兰宗教领袖头衔。

2　非裔美国人，美国民权运动领袖。

马丁·路德·金

后便一下增长到了 73 亿美元。这些钱大都流入了销售枪炮、坦克和战机的英美公司，还有一部分开支贡献给了核技术。对西方世界来说，这似乎是一个双赢的局面：产油国把自然资源卖到国外，然后购买昂贵的武器装备；武器销售利润极其丰厚，促进了发达国家的经济发展。可这对大多数伊朗人来说毫无助益。

关键的转折发生在 1979 年。伊朗滑入革命的旋涡，国王被迫流亡海外，强硬的反西方领导人阿亚图拉霍梅尼获取了权力。霍梅尼很快声明："世界需要石油，不需要美国。其他国家将转向有石油的我们，而不是你们。"由于担心阿富汗投靠美国，于是几乎同一时间，苏联入侵了阿富汗，这可谓一场灾难。1980 年秋，伊拉克突袭伊朗，挑起了一场持续近十年的战争。

一些美国人巴不得伊拉克和伊朗打个你死我活，一个高官曾公然表示，"不论哪个赢，都是在军事上不可胜，战略上不可取"的结果。换句话说，美国人希望二者皆输。然而，他们真正采取的决策却是给伊拉克下重注。为此，美国不惜大力扶持伊拉克经济，提供其急需的武器装备。甚至对化学武器的使用睁一只眼闭一只眼——即便这违反了国际公约，并且极力与已统治伊拉克十多年的萨达姆·侯赛因修好。

支持伊拉克倒也罢了，问题在于，美国还与伊朗

阿亚图拉霍梅尼

暗通款曲——开始向他们出售军事装备，包括导弹系统和先进的防空设备，最终爆出大丑闻。一方面，这是秘密军售；另一方面，被揭穿后，参与者仍旧否认自己的行径。美国总统罗纳德·里根也因此险些被拉下马，不得不敷衍说自己记忆力不好，记不得过去同意了什么。

更大的伤害还在后头，当萨达姆·侯赛因发现自己被他认为最可靠的盟友背叛时火冒三丈地怒斥："美国，创下了'恶劣和不道德行为'的新低。'背后捅刀子'令人不齿。"在后来从巴格达找到的一份录音带里，一个高级顾问告诉萨达姆："别相信美国人，美国人是骗子！别相信美国人！"可见，萨达姆当时并未听信这句忠告。而且就像一份美国情报所透露的那样，萨达姆越发确信美国人

1991年被联合军队击退时，伊拉克军队放火烧了科威特境内的油井

"千方百计想抓他"。随后数年，萨达姆越发好战，并在 1990 年无端攻击科威特[1]，以夺取他垂涎已久的油田。但他没有料到之后的大规模反弹：一支联合大军集结起来，迫使伊拉克军队撤退停火。

20 世纪 90 年代初，世界似乎安全平静了许多。由于美国对游击队（也就是后来为人熟知的"圣战者"，塔利班的前身）的资助和支持，苏联从阿富汗撤军。美国人为他们提供了大量金钱和武器，扶持了一系列根基深厚的军阀。

而后，柏林墙倒塌，苏联解体成 15 个独立国家。在南非，以肤色为基础的种族隔离和歧视制度倒台。中国也进入急剧变化期，实行改革开放，拥抱崭新的发展模式，同时向更广阔的世界开放。

1　位于阿拉伯半岛东北部的国家，石油和天然气资源丰富。

在南非，以肤色为基础的种族隔离和歧视制度倒台。

全世界焕然一新，而且似乎在变得越来越好。萨达姆持续受到压力，被要求解除武装。追捕恐怖分子的行动也在进行，尤其是对本·拉登，他在20世纪90年代初针对美国发动了一系列小规模但明显的攻击。随着本·拉登的诉求和能力不断升级，他的"基地"组织对美国在肯尼亚和坦桑尼亚的大使馆进行了炸弹袭击，导致数百人死亡、数千人受伤，打击恐怖主义变得越发迫切。本·拉登认为穆斯林长期以来饱受西方世界的"羞辱和伤害"。很多阿拉伯人赞同其部分政治观点，并对他的遭遇表示同情。

寻找和阻止本·拉登的努力一直没有成果。2001年9月11日，19个恐怖分子在美国劫持了四架客机。他们故意将飞机撞毁，其中两架撞上了纽约"双子塔"，人员伤亡惨重。随后美国获悉本·拉登躲在阿富汗，便要求阿富汗政府交人，但遭到了拒绝。

美国追捕这个恐怖分子头目的行动计划变得更加野心勃勃。"除了抓住本·拉登，美国还可以趁机一举改变世界的政治版图，"根据某些绝密文件，美国国防部长唐纳德·拉姆斯菲尔德曾表示，"'9·11'事件为颠覆数个（包括阿富汗、伊拉克和伊朗等）而不只是一个丝绸之路沿线国家的政权，提供了正当理由。"可如何开始呢？

答案就在于找到攻击伊拉克的理由：美国的注意力于是转到了萨达姆正在秘密研发的大规模杀伤性武器上。虽然美国情报报告称这就是事实，但也确实没有任何证据证明这一点。另外，美国人还声称找到了伊拉克与恐怖分子（包括本·拉登）的关联，但这也无法被证实和确信。很多人甚至怀疑，是不是只有军事行动，才是解决此事的正道。

果不其然，2003 年，美国发动了对伊拉克的大规模攻击。在那之前，空袭和地面部队已经把塔利班赶出了喀布尔等阿富汗大城市。计划貌似在有条不紊地进行着。2003 年 3 月，以美国为首的联合军队控制了伊拉克首都巴格达，萨达姆政权开始瓦解，萨达姆本人也躲了起来。至于接下来该怎么办，还没有一个定论。美国认为重建伊拉克是一件轻而易举的事情，这种判断不仅过于乐观而且浅陋。"伊拉克拥有大量石油，"一位美国高级军官说，"应该可以用于支付重建的费用，这种办法相对较快。而且在战后前三年里，一支 5000 人的小部队应该足以应付。"但这毕竟是纸上谈兵。

最终，这场战争还是导致了灾难。伊拉克堕入混乱和暴力的深渊。更糟的是，本·拉登多次逃之夭夭，时不时发布一些嘲弄信息，鼓动追随者向西方世界发动更多恐怖袭击，直到 2011 年被击毙。

尽人皆知，超级大国控制世界中心的
企图无一得逞。是时候寻找别的答案了。

第十六章

新丝绸之路

※

2013 年 9 月，习近平主席在哈萨克斯坦首都阿斯塔纳演讲。他说，两千多年来，生活在东西要冲地区的人民尽管有着"不同种族、不同信仰、不同文化背景"，仍要和平共处、互助合作、繁荣发展。中国高度重视发展同中亚各国的友好合作关系。于是习近平主席宣布创立"丝绸之路经济带"的宏伟计划，以提升经济联系、鼓励贸易和促进联结。

这就是后来的"一带一路"倡议，这一以中国为首的计划已经初见成效。投资和贷款金额高达数十亿美元，用于修建道路、桥梁、高铁，以及电厂、管道、深水港和机场，而且不仅是在亚洲，也在非洲，甚至欧洲。

中国拟投入的资金规模庞大，对所涉地区甚至该地区之外的潜在影响也不容小觑。这是近三十年来全球贸易模式发生的深刻变化所带来的结果。从 1990 年开始，亚洲的财富急剧飙升。全世界最有名的一些足球俱乐部（比如巴黎圣日耳曼、切尔西、曼城和 AC 米兰）的持有人换成了来自波斯湾、俄罗斯和中国的老板。一些有名的大企业（比如塞恩斯伯里超市、希尔顿酒店和迪士尼）也有来自正在崛起的东方的大股东。

随着亚洲财富的不断飙升，从波斯湾到中国的太平洋沿岸，新修的画廊、大学和研究院如雨后春笋。那些让我们想起古丝绸之路的城市，如迪拜、多哈、吉隆坡、上海、阿斯塔纳等，也充满了活力。

位于东地中海和中国太平洋沿岸之间的国家，也在忙于建立更好的联结。上海合作组织、突厥语国家议会大会、欧亚经济联盟等机构都旨在促进国家联系，减少贸易壁垒。这一情形与古代丝绸之路商旅们所熟识的方式如出一辙。

亚洲崛起的过程中当然不乏障碍。大型基础设施的建设并非易事，变革也频频遭遇新挑战，毕竟在当今世界发生的很多变化还是会让很多人感到陌生。

在贸易壁垒、关税和保护本土产业的问题上，欧美国家对全球化的反对也是问题的来源之一。此外，在东方，不少邻国之间关系紧张，互助合作远非易事。比如巴基斯坦和印度、伊朗和沙特阿拉伯之间就是对抗的关系，处理起来简直困难重重。当然，"伊斯兰国"（ISIS）、"基地"组织等擅长挑起事端的极端恐怖组织也是新的问题所在。方兴未艾的技术变革，让我们以前所未有的速度和深度分享信息和观念——这也是一把双刃剑。

如果历史给我们留下了教训，其中之一就是，论及对和平未来的规划，人类兼具适应性和务实性。毕竟，稳定与繁荣密不可分，与宽容密不可分，与一个可以让每个人茁壮成长的世界密不可分。在 21 世纪前 20 年，危机从未远去。所以，对过去的研究一如既往地重要。

历史提醒我们过去的变革如何发生，帮助我们理解今日的变革何以形成。丝绸之路曾经很重要，今天亦然，而且它正在重新崛起。

致谢

....

　　我一直很享受写作本书的过程。与尼尔·帕克合作，将《丝绸之路》献给年轻的读者，以及应对写作期间的挑战，可谓其乐无穷。我对布鲁姆斯伯里出版社的萨斯基亚·格温和克莱尔·琼斯亏欠颇多，他们的表现从头至尾都非常优秀。没有这两位，我不可能完成这本书。对一直可以识破我心思的凯瑟琳·克拉克及其在弗利西蒂·布赖恩机构的出色团队，对伍斯特学院的院长和研究人员，以及持续支持我的牛津大学同事，我也要表示感谢。

　　一如既往，尤其感谢我的妻子杰西卡，她的鼓励、耐心和情谊凝聚在本书的每一页。她也知道这本书对我意味着什么，因为我们在孩子们小的时候就告诉他们：如果他们想理解现在，必须首先尽力理解过去；而且要注意观察身边的整个世界，而不只是碎片。这本书献给你们，卡特里娜、弗洛拉、弗兰西斯和卢克——你们是我撰写本书的初衷；你们也给了我极大的灵感，哪怕你们对此浑然不知。

彼得·弗兰科潘

2018 年 4 月　牛津